Patsy Clairmont

Weisheiten aus dem Wäschetrockner

Alltagsgeschichten mit Herz und Humor

PATSY CLAIRMONT

WEISHEITEN AUS DEM WÄSCHETROCKNER

Alltagsgeschichten mit Herz und Humor

SCHULTE & GERTH

Die amerikanische Originalausgabe
erschien im Verlag Focus on the Family Publishing,
Colorado Springs, Colorado 80995
unter dem Titel "Normal Is Just a Setting on Your Dryer".

Aus dem Amerikanischen übersetzt von Roland Renz.

Best.-Nr. 15307
ISBN 3-89437-307-5
1. Auflage 1994
Umschlaggestaltung: Jeff Stoddard / Olaf Johannson
Satz: Die Feder GmbH, Wetzlar
Druck und Verarbeitung: Ebner Ulm
Printed in Germany

Inhalt

Der ganz normale Wahnsinn

„Herr, warum kann ich denn nicht ganz normal sein wie jeder andere?“ Immer wieder kam mir dieser Stoßseufzer in den Sinn. Jahrelang hatte ich mich mit meiner Agoraphobie (ein Teufelskreis der Ängste, der die Betroffenen in ihre vier Wände verbannt) zu Hause verkrochen. Dann schaffte ich es nach draußen, kam unter Menschen und stellte fest: „Hier ist niemand normal.“ Einzigartig? Ja. Besonders? Aber sicher. Normal? Absolut nicht!

„Normal“ ist nur ein Programm am Wäschetrockner und hat mit Menschen nichts zu tun. So sehr wir uns auch anstrengen mögen, bleiben wir doch seltsame Wesen mit deutlichen Unterschieden.

Eines Tages entfernte ich in meiner Küche die Haut von den Tomaten, worauf eine Freundin, die mir beim Salatwaschen half, zu lachen anfing. Überrascht fragte ich, was sie so witzig fände.

„Ich hab' noch nie gesehen, daß jemand die Tomaten für den Salat enthäutet“, sagte sie. Das kam ihr unnormal vor.

Aber bei uns zu Hause zog meine Mutter für ihre Gäste

immer die Tomatenschale ab. Für sie gehörte es sich einfach, für den Besuch die Gerichte besonders mundgerecht zuzubereiten. Für uns war es normal, die Tomaten zu enthäuten.

Ich hatte einmal eine Nachbarin, die wir „Frau Etepetete“ nannten, weil sie alles so abartig sauber machen mußte. Wir hielten unsre Bäuche vor Lachen, weil sie sogar die Seife auf ihrem Waschbecken wusch.

Heute finde ich das gar nicht mehr so merkwürdig. Ich finde es unappetitlich, wenn oben am Waschbecken eine eklig verdreckte Seife klebt. Für mich gehört es jetzt zu den normalen Maßnahmen, Frau Etepetetes Beispiel zu folgen und die Seife zu säubern.

Mein Mann Les hielt es nicht nur für normal, früh aufzustehen – wenn andere nicht beim ersten Lichtschimmer aus dem Bett sprangen, haftete für ihn sogar gleich ein Schatten auf ihrem Charakter. Für meine Familie bedeutete es dagegen Normalität, daß man an Tagen ohne Terminplan den Vormittag gemütlich verschlummerte. Man kann sich vorstellen, welchen Konflikt diese beiden „Normen“ – und natürlich wir beide – beim Aufeinanderprall erlebten.

Mit meiner Agoraphobie fühlte ich mich alles andere als normal. Ich kannte keine andere Frau, die Angst vor dem Einkauf im Supermarkt hatte, weil die Gänge wie aufgerissene Mäuler zu gähnen schienen. Ich kannte keinen Menschen, der jeden Tag dreißig Wetterberichte abhörte und sich dann vor dem nahenden Gewitter unter dem Tisch verkroch. Ich hatte auch von niemandem gehört, der sich nicht in den Aufzug traute oder nachts nicht allein bleiben konnte. Als ich dann wegen meiner Panikanfälle nicht mehr

Auto fahren konnte, wurde mir klar, daß ich hoffnungslos unnormal war.

Würde man aber eine Herde Agoraphobiker in einen Raum locken, herrschte unter uns eine „Normalität" in der Hinsicht, daß unser Verhalten in vielen Bereichen zueinander passen würde. Was beweist: „Normal" ist nichts als ein Programm am Wäschetrockner.

Ich glaube, das Unnormale ist das eigentlich Normale. Denken Sie darüber nach. Stellen Sie sich Ihre Freunde vor – wunderbare Menschen, aber haben sie nicht ein paar ziemlich merkwürdige Angewohnheiten? Das Unnormale ist kein isoliertes Ereignis, sondern wiederholt sich mit Beständigkeit. Es ist das, was wir gemeinsam haben – unsere Unterschiede.

Ich strebte nach Normalität, indem ich so zu sein versuchte, wie ich meiner Meinung nach in den Augen anderer sein sollte. Wie anstrengend! Jeder hat seine eigene Definition von Normalität und läßt mich in meinen Gefühlen von Isolation und Andersartigkeit schmoren.

Und darum geht es in diesem Buch: Wie unsere Gefühle unser Leben beeinflussen und beeinträchtigen, wie wir auf ein gesundes Gleichgewicht angewiesen sind. Wir nehmen die unterschiedlichsten Gefühle unter die Lupe und untersuchen, wie wir die Balance verlieren, wenn wir sie leugnen, andererseits aber das Pendel zu extrem ausschwingen lassen, wenn wir sie hemmungslos ausleben.

In diesem Buch geht es *nicht* darum, wie man normal wird. (Das habe ich noch nicht rausgekriegt.) Vielmehr will ich dazu ermutigen, das Bestmögliche aus uns zu machen. So gut wir uns zu kennen glauben, so rätselhaft kommen uns manchmal unsere Emotionen vor. Und manchmal werden wir von Gefühlen verblüfft und überwältigt.

Vielleicht kommen Ihnen gemischte Gefühle, wenn Sie diese Geschichten über andere lesen, die gekämpft, versagt, von vorn angefangen und ihren Sieg gefeiert haben. Man wird merken, daß es im Leben selten so einfach zugeht wie beim Wäschetrockner, den man auf „Normal" stellen kann. Ich bete dafür, daß Sie lachen, weinen, nachdenken, sich erinnern und sich selbst besser kennenlernen, wenn Sie die Seiten dieses Buches durchblättern.

Das kann ich doch!

Wenn wir über vierzig sind, denken wir meist mit einigen Bauchschmerzen daran, daß wir unsere Jugendlichkeit verlieren. Wir bilden uns immer noch ein, jugendliches Feuer zu haben, zumindest flackert es noch ab und zu auf, und der Geist führt den Körper in die Irre mit Signalen wie: „Du kannst immer noch mit einem Satz die Treppen schaffen." *Klar!* Kaum tue ich einen Schritt in den Aufzug, spüre ich schon meine Plattfüße.

Mit 47 (während ich dieses Buch schreibe) marschiere ich im Geiste zur Melodie von „Streiter Christi, frisch voran". Der Körper aber brummelt im Hintergrund: „Bald schon kann es sein". Obwohl die zunehmenden Verfallserscheinungen meines Körpers nicht mehr zu verleugnen sind, halte ich immer noch den Daumen auf das Geburtsdatum im Ausweis, wenn ich einen Scheck einlöse.

Meine Freundin Claris, eine heroische Frau, die seit neunzehn Jahren Schulbusse fährt und ständig davon erzählt, hat ihr Alter ganz vergessen. Sie mußte an Gedächtnisschwund gelitten haben, als sie sich überreden ließ, mit vierzig noch Rollschuh zu laufen. Eine Stunde später war sie im Krankenhaus gelandet, und aus war es mit dem Fahren: Gipsverband und Krücken. Monate später saß Claris wieder am Steuer ihres Busses, dessen vier große Räder ihr stabil genug sind, um sich ihnen anzuvertrauen. Wo wir von Vertrauen sprechen . . .

Jim vertraute fest darauf, daß er ein bißchen höher reichen konnte, als seine Armeslänge erlaubte, während er auf der obersten Leiterstufe balancierte. Muß ich weitererzählen? Unser fünfzigjähriger Freund brach wie die Mauern von Jericho zusammen; statt zerbrochener Krüge gab es gebrochene Rippen. Als man ihn wieder zusammengeklebt hatte, spürte er jeden Atemzug. Eher atemberaubend war Megans Entschluß, den Skiabfahrtslauf zu erlernen, und zwar mit vierzig. Bei der ersten Abfahrt kippte sie nach hinten auf ihre Ski um, aber die Bindung löste sich nicht. Das war gar nicht gut. Megan mußte auf einer Tragbahre von der Piste gebracht werden. Sie trug monatelang einen Riesenkragen aus Hartschaum.

Man sollte meinen, wir würden aus den Beispielen unserer Freunde lernen. Eigentlich habe ich das getan. Ich laufe weder Rollschuh noch klettere ich auf Leitern, und ich steige auch nicht auf Skier. Nein, ich doch nicht! Für solche Kunststückchen bin ich zu klug. Lieber schaffte ich mir ein Rad mit Fünfgangschaltung an. Meine Jungfernfahrt wäre ein Kinderspiel gewesen, wenn ich vorher schon mal auf einem Rad mit Handbremsen gesessen hätte, was nicht der Fall war.

Mein Sohn Jason und ich fuhren mit unseren Fahrrädern zu einem Laden in der Nähe, wo ich mich nach dem Ausrollen aus dem Sattel schwang und absprang, statt zu bremsen.

Ich lief in den Laden und kaufte ein paar Kleinigkeiten. Wir hatten keinen Korb, aber ich traute mir zu, mit Rad und Tüte zugleich zurechtzukommen. Allerdings saß ich nach vielen Jahren zum ersten Mal wieder auf einem Fahrrad. (Eigentlich hatte ich das letzte Rad mit acht bekommen.) Aber wozu gibt es doch das schöne Sprichwort: „Was man einmal gelernt hat, vergißt man nicht mehr."

Wir waren schon fast zu Hause, als mein Fahrrad ganz von allein schneller wurde. Anscheinend hatte unsere Straße ein stärkeres Gefälle, als mir bisher bewußt gewesen war. Einen Augenblick lang fühlte ich mich wieder wie ein Kind; der Wind peitschte durch mein Haar, und die Häuser flogen als Farbwirbel vorüber. Plötzlich erkannte ich im vorbeihuschenden Grün unser Haus. Instinktiv trat ich das Pedal zurück, um zu bremsen. Nichts geschah. Im Ernst, überhaupt nichts! Meine Geschwindigkeit war so hoch, daß ich mich rasend schnell auf die Kreuzung zubewegte. Wenn ich richtig rechnete, mußte ich Lichtgeschwindigkeit erreicht haben, wenn ich sie überquerte.

Beim Gefühl, die Fahrt nicht mehr beeinflussen zu können, geriet ich irgendwie in Panik. Dann erinnerte ich mich, daß Les mir vor der Abfahrt eingeschärft hatte, daß die Bremsen am Lenker saßen und ich sie anziehen mußte, um anzuhalten. Wegen der Tüte konnte ich nur eine davon bedienen, und als ich den Hebel zog, passierte nichts. Ich sah schon mein Leben in rasender Fahrt entschwinden, riß samt Tüte am anderen Hebel und drückte ihn, so fest ich konnte. Jetzt passierte aber wirklich etwas!

Ich hob ab und flog – über den Lenker ins unendliche Blau des Himmels. Bestimmt sah ich aus wie ein Großraumflugzeug. Das heißt, bis ich landete. Ich machte eine anmutige Bauchrutschrolle auf der Landebahn, also dem Gehweg, und kam gerade rechtzeitig vor der ersten Stufe der Eingangstreppe rutschend zum Halten, so daß ich wenigstens nicht das Schicksal des Fußabtreters teilte.

Jason sah mit äußerster Verblüffung auf mich nieder. Mir ist unklar, ob er einfach nicht glauben konnte, daß ich so schnell gefahren oder daß ich so hoch geflogen war.

Welche Worte hätten Sie aus dem Munde des Unfallopfers erwartet? Was hätten Sie gerufen, wenn Ihnen so etwas passiert wäre? Vielleicht: „Ruf' den Notarzt!" oder „Hol' Papa!"

Ja, das hätte ein normaler Mensch wohl gesagt – aber nicht ich! Die ersten Worte aus meinen bereits anschwellenden Lippen, die Zähne immer noch in den Beton gegraben, lauteten: „Guckt auch niemand?"

Ob jemand guckt! Darf das wahr sein? Die Landung auf dem Gehweg hatte mir ein Hosenbein abgerissen, mein linkes Knie war aufgeschlitzt und blutüberströmt, mein Bauch war aufgeschrammt, die Ellbogen fühlten sich an wie Cornflakes, meine Rippen waren wie ein Schraubstock um die Lunge gespannt, und ich fragte: „Guckt auch niemand?"

Mit Jasons Hilfe humpelte ich ins Haus, ließ mich vorsichtig auf einem Stuhl nieder und weinte. Es waren sowohl Tränen des Schmerzes als auch der Scham.

An meiner emotionalen Reaktion ließ sich offensichtlich mehr als nur der Schaden am Leib ablesen. Der ungewollte Ausruf verriet, daß dabei mein Stolz schmerzlich zu Bruch gegangen war.

Aber dann fragte ich mich: Trifft das nicht auf jeden von uns zu, wenn wir unsere Grenzen nicht erkennen?

Autsch!

„Schmerz ist Gottes Megaphon“, hat C. S. Lewis gesagt.

Wenn das stimmt, Leute, dann hat der Himmel zu mir gesprochen!

Letztes Jahr gab es Monate, die sprichwörtlich eine Last auf meinen Schultern waren. Man hatte mir schon vorgeworfen, anderen Leuten manchmal schmerzhaft im Nacken zu sitzen, und nun wußte ich, wie sich das anfühlt.

Ich hatte zu viele Koffer, Aktentaschen, Handtaschen, Schreibmaschinen und Gepäckwagen durch zu viele Flughäfen und Hotelhallen gezerrt. Ich hatte die Grenze dessen überschritten, was ich mir an Lasten zumuten durfte und dabei Rückgrat und Sehnen überdehnt. Dann dauerte es Monate, in denen ich unter Schmerzen lernte, wie wichtig es ist, auf seinen Körper zu achten.

Mein Orthopäde fragte mich, warum ich den Arztbesuch so lange aufgeschoben hatte. Wahr ist, daß ich mich erst nur für zimperlich hielt und dachte, daß die Gewichtheberei mit dem Gepäck mir allmählich ein so fittes und fabelhaftes Aussehen verleihen würde wie Jane Fonda. Allerdings wurde die

Gesundung damit nur um so komplizierter, denn der Sehnenschaden erstreckte sich von der Schulter zum Ellbogen und von da bis in die Handgelenke.

Der Körper beschwert sich, wenn man Leistungen erbringt, die seine Fähigkeit übersteigen. Die Körpersignale warnen uns in vieler Hinsicht. Muskeln, Sehnen, Gelenke und Rückgrat schreien auf, wenn man etwas zu Schweres anzuheben oder zu tragen versucht.

Les ist ein strammer Bursche, der in seinen jungen Jahren (wie lange ist das eigentlich her?) so stark war, daß er einen Büffel anheben konnte. Was er aber lieber nicht hätte versuchen sollen, war der Aufstieg mit den beiden Packen Schindeln für unser Dach. Bestimmt hätte er diese „gewichtige Aufgabe" bewältigt, wenn er nicht mit den beiden Packen auf dem Rükken zwei Stockwerke per Leiter hinaufgestiegen wäre. Selbst das wäre noch gegangen, wenn die Leiter nicht gewackelt hätte, als er den Fuß aufs Dach setzte. Die Leiter fiel. Und er auch.

Der erste Teil des Sturzes wurde von der Landung auf dem Verandadach unterbrochen. Dann machte er weiter, purzelte eine ganze Treppe hinunter und prallte auf die nicht gerade kuschelige Erde auf.

Wie erschlagen blieb Les ganz ruhig liegen, um den Schaden abzuschätzen. Nach ein paar atemlosen Augenblicken erhob er sich langsam, packte sich die Bündel wieder auf die Schulter und stieg auf das Dach zurück.

Tom Wirsing, sein Freund, war Zeuge der akrobatischen Leistung. Aber weil Tom das Geschehen vom Dach aus miterlebt und Les beim Sturz die Leiter mit sich gerissen hatte, konnte er ihm nicht zu Hilfe eilen. Die quälenden Augenblicke mußte er als hilfloser Beobachter abwarten. Als Les wieder das Dach betrat, sagte Tom nur: „Ab nach Hause!“

Am nächsten Morgen schwirrte Les’ Körper förmlich vor Botschaften. Les hätte einen Kopfhörer gebraucht, um das gesamte Datenmaterial aufzunehmen. Der Rücken versagte den Dienst, und auch die Beine taten in schöner Solidarität ihren Kummer kund. Muskeln, die er nie als Bestandteil des menschlichen Körpers erlebt hatte, meldeten ihre Existenz. Dachziegelgroße Prellungen brachten Farbe in sein angeschlagenes Gesamtbild. Die Flecken dienten eine ganze Weile aufkleberähnlich als Erinnerung, so etwas nie wieder zu tun.

Unser Körper bietet neben besagten Farbtupfern gewisse Wecksignale, die aber nicht zum Aufstehen, sondern zur Ruhe mahnen. Diese Signale werden jedesmal ausgelöst, wenn der Kopf eines Fahrers hinter dem Steuer gefährlich tief nach unten nickt, wenn wir in der Schule einschlafen oder uns scheunentorartig gähnend durch den Tag schleppen.

Als Les und ich jung verheiratet waren (jung im Verhältnis zu heute), mußte Les einen weiten Weg zurücklegen. Eines Morgens fing er an einzunicken, als er schon fast am Arbeitsplatz war. Wir waren am Abend zuvor lange wach geblieben, und sein Schlafbedürfnis wirkte sich aus, als habe er tütenweise Sand in den Augen. Der frühmorgendliche Verkehrslärm wurde zum Schlaflied – Les machte ein Nickerchen. Allerdings nicht sehr lange. Er wachte abrupt auf, als er auf einen geparkten Wagen auffuhr, der den nächsten Wagen rammte, und der den übernächsten.

Les rief mich aus einer Telefonzelle am Ort des Geschehens an. „Patsy, ich hatte einen Unfall.“

„Geht es dir gut?“

„Ich weiß nicht. Ich blute am Kopf. Gerade kommt die Polizei. Ich muß Schluß machen." Damit legte er auf.

Ich war im siebten Monat schwanger und außer mir vor Sorgen. Ich hatte keine Ahnung, wo der Unfall geschehen war, ob er wirklich nicht verletzt war. In meinem körperlichen Zustand würde unsere Familie bald den nächsten Unfall erleiden, wenn ich nicht bald zur Ruhe käme.

Fünf Stunden später kam mein Mann lächelnd zur Tür herein. Ich umarmte ihn und weinte vor Erleichterung. Dann wollte ich ihn verprügeln, weil er nicht zurückgerufen hatte. Alles ging schließlich gut aus. Les kam zu dem Schluß, daß es besser sei, auf der Matratze zu landen als auf der Stoßstange des Vordermannes.

Auch Stimmungsumschwünge können als Warnanlage des Körpers wirken und mögliche hormonelle Krisen anzeigen. Ich erinnere mich an drei Schwestern, die ich auf einer Freizeit kennenlernte. Sie machten sich Gedanken um die vierte Schwester, der sie geistliche Probleme unterstellten, weil sie sich nicht wie sonst als Stehaufmännchen verhielt. Sie hielten die Ärmste bis spät in die Nacht wach und beteten mit ihr wegen jeder möglichen verborgenen Sünde in ihrem Leben. Später stellten sie fest, daß sie einfach nur schwanger war. Nach ein paar Monaten Ruhe und ungestörtem Schlaf kamen die Hormone ins Gleichgewicht, und sie machte wieder den gleichen munteren Eindruck wie immer.

Ich meine damit nicht, daß die Gebetsnacht ein schlechter Scherz war, aber zuweilen verweisen solche Stimmungstiefs deutlich auf ein gesundheitliches Problem.

Zweifellos ist unsere Beschaffenheit anfällig und wunderbar zugleich. Wir brauchen bloß auf die Stimme des Körpers zu hören und mit der richtigen Entscheidung zu reagieren. Manche meiner Leser können bereits diszipliniert und klug für sich selbst sorgen. Aber manche andere hören wie ich erst dann hin, wenn sie bis zum Hals im Sumpf stecken. Folgende Fragen können also recht hilfreich sein:

- ▷ Wieviel Wasser trinken Sie am Tag? (Wasser in Kaffee oder Cola zählt nicht!)
- ▷ Wie viele Stunden Schlaf brauchen Sie nachts, um morgens „normal" aufzuwachen? (Les braucht sieben Stunden, begnügt sich aber mit sechs. Ich brauche acht, bleibe aber mit Freuden eine neunte im Bett. Les hüpft jeden Morgen aus dem Bett, während ich einen richtigen Schreck brauche, damit sich mein Puls meldet. Denken Sie daran, „normal" ist bloß ...)
- ▷ Betätigen Sie sich regelmäßig sportlich? (Wer jeden Morgen die Bettdecke zurückschlägt, gilt noch nicht als Gewichtheber.)
- ▷ Wann haben Sie das letzte Mal Ihre Sehkraft untersuchen lassen? (Ich habe letzte Woche meine kaputte Brille in Reparatur gegeben. Ich hatte mich draufgesetzt ... zum dritten Mal. Die Optikerin schaute sie sich an und sagte: „Hören Sie, hat man Ihnen nicht gesagt, wofür so etwas gut ist?"
  „Nein, wie Sie sehen", antwortete ich freundlich, „sonst wäre ich ja wohl nicht schon wieder hier.")
- ▷ Notieren Sie Ihren letzten Zahnarzttermin. (Wenn hinter dem Datum „v. Chr." steht, ist es zu lange her.)
- ▷ Hören Sie auf Ihren Körper, wenn er sagt: „Jetzt reicht's aber" (mit dem Essen, der Arbeit, dem Schlafmangel)?
- ▷ Wann wurden Sie zum letzten Male ärztlich untersucht?

(Es reicht nicht, mit jemandem gesprochen zu haben, der einmal einen Erste-Hilfe-Kurs gemacht hat.)

- ▷ Gehörte zur Untersuchung ein Abstrich? (Ein besonders erhebendes Erlebnis!)
- ▷ Wann hatten Sie Ihre letzte Mammographie? (Die Röntgenassistentin fühlt sich dabei als Zauberin und versucht, eine Tasse in eine Untertasse zu verwandeln.)
- ▷ Hat sich Ihr Gewicht schon einmal verändert, obwohl sie das gleiche wie sonst gegessen haben? (Meine Schwiegermutter fand sich zu dick. Ihr „Fett" entpuppte sich als melonengroßer Tumor. Mein Mann wurde immer leichter, obwohl er aß wie ein Scheunendrescher, was seine Arbeitswut erklären könnte. Es zeigte sich, daß er Diabetes hatte.)
- ▷ Haben Sie häufig Kopfschmerzen, Magenschmerzen, Rückenschmerzen, Ausschlag, leiden Sie unter Schlaflosigkeit, Stimmungstiefs, schwacher Blase, unstillbarem Durst und so weiter? Lassen Sie endlich die Ursachen dafür feststellen.
- ▷ Wie viele Tabletten nehmen Sie wöchentlich? Monatlich? Beschwichtigen Sie damit eine entstehende Krankheit? (Unsere Instant-Mentalität verdeckt den Schmerz, bringt aber keine Lösung.)

Vertrauen Sie darauf, daß Gott Ihren Körper so geschaffen hat, daß er es meldet, wenn Ihr Leben sich ändern muß oder ein Arztbesuch angesagt ist. Zwar ist der Körper nur unsere zeitweilige Hülle, aber hören Sie trotzdem darauf. Es ist der einzige, den wir haben, bevor wir die neue himmlische, verbesserte Version bekommen, die uns in alle Ewigkeit dienen wird.

Wo wir von Dienst reden: In diesem Leben dient eine Brille den Augen. Lassen Sie sich das gesagt sein von einer, die es inzwischen weiß.

Der hüpfende Himmelhund

Freunde von uns standen vor einem Umzug und mußten deshalb ihren Hund ‚Fredda' abgeben. Wir hatten schon einen Hund (Freddas Mutter), fühlten uns aber verpflichtet, Fredda wieder zu uns zu nehmen, da wir einen ungewollten Schwindel wiedergutmachen mußten. Ich hatte nämlich gedacht, sie sei ein Männchen, als wir sie verschenkt hatten. Deshalb nannten unsere Freunde das Tier auch Fred. Als sie dann mit dem kleinen Kerl zu Hause ankamen, merkten sie, daß Fred gewisse Körpermerkmale hatte, die entweder eine Operation oder eine Namensänderung erforderten. Freundlicherweise entschlossen sie sich zu letzterem.

Fredda war eine verrückte Nudel. Eigentlich hielt sie sich für ein Känguruh (zweifellos ein Ergebnis der frühkindlichen Identitätskrise) und machte sich eine einzigartige Auf-und-nieder-Fortbewegung zu eigen. Sie war eine sehr temperamentvolle Hündin, die ungern allein im Freien blieb. Deshalb nutzte sie ihre unglaublich hohen Sprünge dazu, um in unser Fenster schauen und entdecken zu können, was wir machten. Es kam nicht allzu selten vor, daß wir am Tisch saßen und hin und wieder aus den Augenwinkeln zwei neugierige Augen und flauschige Schlappohren sahen. Bis ich aber genauer hinschauen konnte, war Fredda schon wieder außer Sichtweite. In dieser olympischen Disziplin übte sie sich recht häufig.

Manche unserer Besucher machten sich daher Gedanken über ihren Geisteszustand. In der Regel erzählten wir unseren Gästen nichts vom „Känguruh", bis sie auf einmal ungläubig dreinschauten. Man konnte praktisch sehen, wie sie grübelten, ob sie entweder verrückt wurden oder eine Invasion pelziger Marsbewohner mit großen, glänzenden Augen miterlebten. Ruckartig schossen die Köpfe unserer Freunde zur Seite, wenn sie versuchten, einen Blick auf die rätselhafte Erscheinung zu werfen. Bei Gelegenheit erklärten wir dann die UFO-Sichtung, um die grübelnden Hirne zu entlasten.

Fredda wurde Jasons Hund (unser Sohn war damals acht) und begleitete ihn täglich zur Bushaltestelle. Jason mußte früh los, weil es nun mal länger dauert mit einem Tier, das auf und nieder statt vorwärts hüpft. Eines Morgens kam Jason ins Haus gestürzt und weinte: „Mama, Mama, komm' schnell! Fredda ist von einem Auto überfahren worden!"

Ich schnappte mir den Morgenmantel, und als ich ihn zuknöpfte, sagte Jason noch: „Ich glaube, sie wird es überstehen, weil sie mit dem Schwanz gewackelt hat!"

Noch auf der Zufahrt zur Straße kam eine mir unbekannte Dame auf mich zugelaufen und fiel mir um den Hals. Sie weinte. „Ich hab' Ihren Hund angefahren! Es tut mir so leid." Ich hielt sie eine Weile im Arm und beruhigte sie damit, daß wir wüßten, daß es ein Unfall war.

Sie schluchzte. „Gestern ist meine Katze gestorben, und heute überfahre ich einen Hund!"

„Tut mir leid, daß Sie so eine schlimme Woche hatten, und ich weiß, daß Sie es nicht absichtlich gemacht haben", erwiderte ich. Ich umarmte sie noch einmal und ermunterte sie, zur Arbeit zu fahren.

Ich stellte mir vor, wie beunruhigend und verhängnisvoll der Anblick eines aus dem Nichts hervorhüpfenden, ja fliegenden Hundes für diese Dame gewesen sein mußte.

Als ich an der Straße anlangte, war auch Les gekommen und legte Fredda sanft auf die Ladefläche des Lieferwagens. Er sah mich an und schüttelte den Kopf: Fredda war tot. Ich drehte mich zu Jason um. Er stand in der Schlange und wartete auf den Schulbus. Seine Augen waren ganz fest zugekniffen, die Arme waren eng am Körper verschränkt, weil er versuchen wollte, vom Schicksal seines geliebten, hüpfenden Kumpels weder etwas zu sehen noch sonstwie zu erfahren.

„Jason", sagte ich leise.

Er rührte sich nicht.

„Jason, mein Liebling, dein Hund ist tot."

Er fiel mir in die Arme und ließ dem Tränenstrom freien Lauf. Dann gab der gespannte kleine Körper nach, und er fing an zu zittern. Ich nahm ihn bei der Hand. Wir gingen hinunter zum Haus, um zu trauern.

Oft wollte ich wie Jason einfach meine Augen schließen und die Realität nicht wahrhaben. Sie ist oft hart, voller Ungerechtigkeit, Leid und Verlust. Aber wenn ich mich der Wahrheit verweigere, bin ich vor Angst ganz angespannt und finde mich im Leben nicht zurecht. Erst wenn ich akzeptiere, was ich nicht ändern kann, darf ich anfangen zu trauern.

Werken

Ich bin handwerklich begabt. Nein, so ganz stimmt das nicht. Ich habe das Material dazu. Ja, damit ist die Fülle an Sachen ins rechte Licht gerückt, mit denen unzählige Körbe, Schubladen und Kisten in Dachboden und Keller vollgestopft sind.

Von meiner handwerklichen Begabung zeugt manches halbfertige Projekt, das der Vollendung harrt. Ich habe Garnbündel, die einmal zum Sticken angeschafft wurden, sowie struppige Wollknäuel, aus denen ein Perserteppich entstehen sollte. Meine Bastelbücher sind vom vielen Lesen voller Eselsohren. (Ich lese so gern; es ist die Tat, in der ich mich verheddere.) Zu den Materialhaufen gehören Blumendraht, eine Pinselsammlung, Trockenblumen und (des Bastlers bester Freund) eine Klebepistole, außerdem Myriaden anderer Sachen – alles quillt aus dem Schrank, wenn ich ihn aufmache.

Jedesmal, wenn mich der Einkauf für ein neues Projekt reizt, denke ich: *Diesmal pack' ich's aber!* Ich habe mich an allem versucht, von Ölgemälden über Blumengestecke, Patchworkdecken, Scherenschnitte bis zum Quillen.

„Was ist Quillen?" fragen Sie vielleicht. Allen, die sich damit nicht auskennen, sei es beschrieben: Man wickelt faserdünne Papierstreifen um eine Nadelspitze. Wenn man fertig ist, verklebt man das Ende, wobei man den Leim mit einem Zahnstocher aufträgt. Die Papierschlange darf sich nicht mehr aufrollen. Mit einer Pinzette setzt man sodann die Rolle in ein Muster auf einem Hartschaumbrett ein und heftet sie mit einer Nadel fest. Dann kann die Aufwickelarbeit von neuem beginnen. Wer ein guter „Quiller" werden will, muß eine gewisse persönliche Lockerheit mitbringen. Ich glaube, ein Quiller (zumindest meine Wenigkeit) muß wenigstens ein paar Schrauben locker haben, um sich in dieser spannungsreichen Kunst zu versuchen.

Vielleicht fragen Sie sich, wie viele solcher Papierwinzigkeiten man braucht, um ein einziges Bild zu schaffen. Das hängt von der Größe der Vorlage ab. Ich suchte mir eine zierliche, kleine Schneeflocke aus. Da ich wohl bedachte, daß ich Anfängerin war (praktisch in jeder Bastelarbeit, die ich je begonnen habe), entschloß ich mich für eine kleine Arbeit, um mich nicht zu überfordern. (Bildhaft gesprochen: „Ich stürze mich lieber in einem Faß die Niagarafälle hinunter als in einer Badewanne, damit ich hoffentlich nicht so naß werde.")

Als ich mit der Schneeflocke anfing, dachte ich: *Eins davon mache ich für alle unsere Freunde und klebe es außen auf die Weihnachtsgeschenke*. Nach fünf Stunden und einem geringfügigen, kaum sichtbaren Fortschritt mußte ich umdenken: *Ich werde die Dinger nur meinen besten Freundinnen schenken und sie in die Pakete legen.*

Ein Woche später wurde mir klar, daß auch meine beste Freundin dieser besonderen Mühe nicht wert war. Nur die engsten Angehörigen sollten so ein Schmuckstück bekommen. Und zwar nichts anderes. Ich dachte ferner daran, sie einen Vertrag unterschreiben zu lassen, mit der Verpflichtung, die Schneeflocke wohlbeleuchtet ganzjährig im meistbegangenen Zimmer der Wohnung auszustellen.

Fünfzehn Arbeitsstunden an meinem kleinen Winterwunder-Objekt später kam ich zum Schluß, daß ich hiermit die erste und letzte Papierbastelei meines Lebens angefertigt hatte . . . und sie selbst behalten wollte. Sie könnte Generation auf Generation als Familienerbstück dienen, als Zeitdokument, wenn ich verblichen wäre. Oftmals fragte ich mich, ob es bei diesem Unternehmen wirklich um eine bloße Schneeflocke ging.

Vielleicht fragen Sie sich jetzt: *Ist sie eigentlich damit fertig geworden?* Noch nicht, aber ich habe es fest vor (großartige Inschrift für Grabsteine).

Einmal nahm ich an einer Freizeit teil, wo man mich überredete, bei einer Holzengel-Bastelgruppe mitzumachen. Der Leiter (ein Kunstlehrer) stellte dabei einen Musterengel her, den man nur bewundern konnte. Meiner (Werkunterricht als Nebenfach) sah mehr wie eine geflügelte Rockerbraut aus.

Selbst diese Engelin wurde nicht fertig, weil die himmlischen Teile ausgingen. Sie hatte nur einen Flügel und war ganz ohne Heiligenschein. Eigentlich sah sie traurig aus. Heute liegt diese gefallene Engelin ganz unten in einer Kiste im Keller, bedeckt von zerfaserten Patchworkstücken und Plastikefeu. Sie wartet noch auf ihre Ordination. Möge sie in Frieden ruhen.

Auf der Jagd nach Ruhm besuchte ich einen Malkurs und bekam eine Eins. Endlich mal ein Erfolg! Wenn das aber wirklich so war, warum hatte ich kein Bild zum Aufhängen?

Mir war aufgefallen, daß ich kein Gemälde hatte, auf dem man etwas erkennen konnte, geschweige denn, daß es einer Ausstellung wert war. Bei einer unserer Aufgaben mußten wir Äpfel in einer Schale malen. Als ich das Bild zu Hause einer Freundin zeigte, dachte sie, es sei ein Pfau.

Ich meldete mich bei der Lehrerin und fragte, wie ich zu meiner Eins gekommen sei. „Sie waren jede Woche anwesend", erwiderte sie.

Les und ich fingen vor fünfundzwanzig Jahren an, einen Läufer (60 mal 90 cm) zu knüpfen. Inzwischen haben wir fast die Hälfte geschafft. Wir haben uns ausgerechnet, daß wir mit vereinten Kräften weniger als zehn Quadratzentimeter pro Jahr geschafft haben und bis zum Jahr 2012 fertig sein müßten. Vielleicht sollten Sie sich um einen Platz auf unserer Geschenkeliste bewerben?

Ich tauge wohl eher zum Kauf als zur Vollendung ... und fühle mich dabei schuldig. Mir ist aber aufgefallen, daß ich nicht die einzige bin. Es gibt verwandte Seelen, die mit ihren beiseite gelegten Kunstwerken den Grand Canyon auffüllen könnten. Ich frage mich, ob es wohl daran liegt, daß es so viele Weihnachtsmärkte und so viel Abfall in diesem Land gibt. Wir verkaufen und werfen unsere unvollendeten Werke fort, damit wir etwas Neues kaufen können.

Begriffe wie *Verantwortung*, *Durchhaltevermögen* und *Mäßigung* verlieren sich im Gerümpel. Gerade schiebe ich eine Schachtel mit alten Bastelarbeiten beiseite, um Platz für mein neuestes Projekt zu schaffen. Jedesmal, wenn ich ein vorzeitig aufgegebenes Stück herauszerre oder verstecke, wird eine von meinen negativen Eigenschaften verstärkt.

Was ist eigentlich mit dem Grundsatz: „Meide Verschwendungssucht und Habgier“?

Toller Spruch. Wie würde er sich wohl als Stickerei an der Eßzimmerwand machen? Hoppla, nicht schon wieder.

Bissige Antworten

Manchmal kommen mir meine Gefühle wie ein zusammengeknülltes Stück Papier vor. Deshalb wohl kam mir eines Nachts, als ich im Bett um kreative Möglichkeiten zur Darstellung von Emotionen betete, der Gedanke an ein Knäuel verknoteter Gummibänder. Ich sprang auf und suchte nach einer Tüte mit hundert roten, gelben, grünen und blauen Gummibändern. Dann ging ich ins Bett zurück und knotete sie zu einer langen, verdrehten Kette zusammen (wahrscheinlich der weitestgehende Versuch, endlich mal etwas zu stricken oder zu häkeln).

Mein Mann kam ins Zimmer und sah mich mit dieser dehnbaren Aufgabe beschäftigt. Er schüttelte den Kopf und murmelte: „Ich wußte, daß es eines Tages soweit sein würde."

Ich frage oft meine Zuhörerinnen, ob sie auch ihre Gefühle zum Seminar mitgebracht haben. Normalerweise kichern sie, und manche Frau hebt die Hand zur Bestätigung. Dann frage ich, wie viele ihre Hormone dabeihaben, worauf die restlichen Hände hochgehen.

Wenn ich als nächstes die Gefühle in Form meines Gummiknüpfwerkes aus der Tüte ziehe, kichern die Frauen und nicken zustimmend. Dann ziehe ich die Bänder zum Zerreißen stramm und zeige damit, wie mir die Menschen manchmal auf die Nerven gehen. Wenn ich das lange, vielfarbige Gewirr auf meiner Handfläche aufhäufe, demonstriere ich, was passiert, wenn ich mit meinen Gefühlen nicht Schritt halte – sie verknoten sich so sehr, daß ich keine Emotion mehr identifizieren kann. Und wenn ich die Gefühle nicht mehr auseinanderhalte, finde ich zu keiner Lösung mehr. Damit wächst das verknotete Chaos in meinem Innern an.

Ich weiß noch, wie ich einmal abends nach einem Treffen mit ein paar Freundinnen nach Hause kam und Les erzählte, wie wütend ich über die eine war.

„Was hat sie eigentlich gemacht?“ fragte er.

Bitte – ich erzählte ihm klar und deutlich, was sie sich geleistet hatte.

Als ich fertig war, sagte er: „Ich glaube nicht, daß du wütend bist.“

„Wirklich?“ fragte ich.

„Nein“, bestätigte er.

„Ich fühle mich aber wütend“, beharrte ich.

„Ich glaube, daß du eifersüchtig bist“, behauptete er frech.

„Eifersüchtig?“ schrie ich und zischte ihn noch einmal an: „Eifersüchtig?

Dann verdrückte ich mich in ein anderes Zimmer und feilte mir in aller Ruhe die Nägel. Ganz für mich fragte ich den Herrn, ob Les möglicherweise wohl recht hatte. Blitzartig wurde mir klar, daß er den Nagel auf den Kopf getroffen hatte.

Dank seiner Direktheit konnte ich meine Eifersucht auf

diese Freundin ins rechte Lot bringen. Sonst wäre ich immer noch dabei, meinen Ärger zu rationalisieren und mich vor dem eigentlichen Problem zu drücken.

Wenn man seine Probleme leugnet, tragen sie zu einer inneren Spannung bei. Das hat zur Folge, daß beim nächsten Anlaß irgend jemand den emotionalen Peitschenhieb zu spüren bekommt. Die Zwangsläufigkeit, mit der innere Spannungen sich in Explosionen entladen, führt dazu, daß eines Tages ein Angehöriger, Mitarbeiter, Freund oder gar ein völlig Fremder nach der harmlosesten Bemerkung von unserem gesamten „Gummibandarsenal" getroffen wird. Das Opfer weiß dann überhaupt nicht, wie ihm geschehen ist.

Wenn es fragt: „Was ist denn mit dir los?", wird es angeschrien: „Gar nichts!", und unsere gesamten verqueren Emotionen ergießen sich über sein Haupt.

Ist Ihnen schon einmal aufgefallen, wie still es im Raum wird, wenn Sie zu heftig reagieren? Aller Augen ruhen auf Ihnen. Auch wenn niemand es ausspricht, hören Sie förmlich die Frage, wo es bei Ihnen hakt. Sie selbst fragen sich das ja auch, denn Zeit und Ort solcher Explosionen sind völlig beliebig.

Einmal hatte ich einen Streit mit einem Mitarbeiter, und als ich nach Hause kam, nörgelte ich an meinem Sohn Jason herum, der damals schon ein Teenager war. Ich hielt ihm eine lange Liste von Verfehlungen vor. Verblüfft fragte er: „Was ist los mit dir?"

Diese Worte brachten mir zu Bewußtsein, daß ich selbst in Schwierigkeiten steckte. Jason war nur das Opfer meiner fehlgeleiteten Frustration.

Kommt Ihnen das bekannt vor? Mir ja.

Wenn mir ein Wirrwarr von Emotionen zu schaffen macht, nehme ich mir ein oder zwei Gefühle unter die Lupe. Diese lasse ich intensiv auf mich einwirken; alles andere fällt unter den Tisch. Deshalb hatte ich auch geglaubt, auf meine Freundin wütend statt eifersüchtig zu sein. Außerdem kommt mir Eifersucht so . . . na ja, unbedeutend vor, während Zorn viel respektabler ist („gerechter Zorn") und mir das Gefühl vermittelt, die Oberhand zu haben.

Ich finde es ziemlich einfach, jemandem zu sagen: „Meine Freundin Jane macht mich zornig." (Ich habe mich in der Hand.) Aber es ist schwieriger zu bekennen: „Ich bin eifersüchtig auf Jane." (Dabei fühle ich mich verletzt, und davor habe ich Angst.)

Jahrelang war ich Expertin für Ängste. Während der Phase meiner Platzangst gab es kaum ein anderes Gefühl. Ich hatte Angst vor allem, so kam es mir jedenfalls vor. Später lernte ich Zorn, Freude, Traurigkeit und andere gleichermaßen wichtige Gefühle kennen. Indem ich sie spürbar erfuhr, wurde mein „Gummibandknäuel" immer kleiner. Damit gewann ich mehr inneren Raum für die Anliegen Gottes.

Welche Emotion verspüren Sie am häufigsten? Erleben Sie sich vor allem in Wutausbrüchen? In Angstanfällen? In Schuldgefühlen?

Wenn wir mit unseren wirren Gefühlssträngen nicht umzugehen wissen, reagieren wir wie die Schildkröten – unsere Reaktionen sind bissig, und bis zur nächsten bissigen Antwort ziehen wir uns zurück in den harten Panzer des Abstreitens.

Steh auf!

Ich kann mich in einer Hinsicht gut mit Zachäus identifizieren: Es fällt mir schwer, einen genügend hohen Platz zu ergattern, wenn ich eine Parade sehen will. Wenn man nur einen Meter fünfzig groß ist, sind dem Gesichtsfeld Grenzen gesetzt. Mein Leben lang stehe ich auf Zehenspitzen und muß andere fragen: „Was ist los?“

Natürlich sollte ich mich trösten lassen von Sprüchen wie: „Dynamit gibt’s in kleinen Portionen.“ Ich will aber nicht gleich in die Luft gehen – ich wäre nur gern größer!

Auch meine Sitzgröße macht das Leben zur Strapaze, denn unvermeidlich pflanzt sich in der Kirche ein Zwei-Meter-Mann vor mich hin. Dann bleibt mir in der folgenden Stunde nur noch das Vergnügen, seine Hemdnähte und den fleischigen Nacken zu betrachten, vergleichbar dem Versuch, ein Fußballspiel von der Umkleidekabine aus zu verfolgen.

Oft macht mir selbst eine Umarmung Mühe. Wir Kleinen müssen uns weit hochrecken, um den Hals des andern in den Schwitzkasten zu nehmen. Es ist eine aufwühlende Erfahrung; hinterher muß man alles von Hut bis Strumpfhose wieder zurechtzupfen.

Als Rednerin muß ich beim Versuch, das Publikum zu beäugen, häufig erst einmal das Pult überwinden. Es fällt schwer, die Aufmerksamkeit der Leute zu erregen, wenn sie von der Rednerin da vorn nur Stirn und Augenbrauen sehen. Manches Mal habe ich auf improvisierten Schemeln gestanden, um zu sehen und gesehen zu werden.

Bei einer Freizeit brachte mir das Küchenpersonal eine Kiste Getränkedosen als Podest. Es ging so lange gut, bis mein spitzer Absatz sich zwischen zwei Dosen durchbohrte und ich erschrocken nach hinten fiel. Ich griff nach dem Pult und konnte mich gerade so aufrecht halten, sonst hätte ich einen Salto rückwärts hingelegt. Meine infolge der Bühnengymnastik aufgelöste Erscheinung verlieh mir ein leicht aufgeweichtes Aussehen.

Ich bin zum Reden auf viele Klavierbänke gestiegen. Weil es sich dabei um Möbelstücke handelt, ziehe ich vorher immer die Schuhe aus. Glatte Nylonstrümpfe auf glanzpoliertem Holz ergeben eine schlüpfrige Mischung. Man versucht gleichsam, einen Vortrag auf Schlittschuhen zu halten – nicht unmöglich, aber riskant.

Um mich so weit zu erhöhen, daß ich bei einer Kirchenveranstaltung gesehen wurde, errichteten die Mitarbeiter schnell zwei Liederbuchstapel, je fünf Stück hoch. Wenn ich mich von einer Seite zur andern wandte, um mein Publikum ganz überschauen zu können, schwankten die Bücherstapel. Manchmal machte sich der Stapel unter dem rechten Fuß Richtung Osten, der andere Richtung Westen auf. Diese beweglichen Stelzen zwangen mich zur geteilten Aufmerksamkeit und ließen in mir die Sorge aufkeimen, daß ich den Raum mit gespaltener Persönlichkeit verlassen würde.

Ich habe schon auf Milchkisten, Koffern, Tischen und Kinderstühlen gestanden. Einmal balancierte ich gefährlich unsicher auf einer Holzkiste, deren Tragkraft ich offensichtlich überschritt. Während meines Vortrags knackte sie bedrohlich. Ich schloß mit einem Gebet; eine Solistin fing an zu singen, und ich trat vorsichtig ab. Erleichtert, daß ich kein Brett zerbrochen hatte, schwebte ich die Stufen der Bühne hinunter zu meinem Platz. Beim letzten Schritt verfing sich mein Absatz im Mikrofonkabel, und ich erlebte zu den Klängen von „Schau nach vorn" eine spektakuläre Bruchlandung in der ersten Reihe.

Man hat Schwierigkeiten, ernstgenommen zu werden, wenn man nur einen Meter fünfzig groß ist. Die Kleinen werden oft für „niedlich" gehalten. „Niedlich" aber nennt man Kleinkinder, halbverfallene Hexenhäuschen oder den mickrigsten Welpen eines Wurfes junger Hunde.

Ich habe versucht, mehr zu scheinen als ich bin, indem ich lange Kleider trug. Doch mehr als einmal verfing sich mein Absatz im Saum, wenn ich Kirchenstufen erklomm, was eines denkwürdigen Tages in dem Sturz auf einen Altar gipfelte, wo ich den Eindruck eines zu kurz geratenen Opferlamms erweckte.

Ich kürzte also meine Röcke und nähte Schulterpolster in meine Jacken, um das Gefühl von Größe – ohne Stolperfalle! – zu vermitteln.

Während eines Vortrags in Washington passierte dann folgendes. Nachdem die einführenden Worte gesprochen waren, griff ich nach meiner Jacke und schlüpfte auf dem Weg zum Podium hinein. Ich hatte ungefähr schon eine Viertelstunde geredet, als ich merkte, daß die linke Schulter zehn Zentimeter höher stand als die rechte. Anscheinend hatte sich das Polster aufgerichtet, statt sich der Schulterform anzupassen. Bis zu diesem Moment war ich die einzige im Raum, die das nicht gemerkt hatte. Mein Thema handelte von Anpassungsschwierigkeiten; ich wies darauf hin, daß das verrutschte Polster Beweis meiner Erfahrungen auf diesem Gebiet sei.

Nach dem Vortrag kam die Moderatorin nach vorn. Die Rückseite ihres Kleides war in die Strumpfhose gestopft. Damit war ein gewisser Druck von mir gewichen.

Ein anderes Mal teilte eine stattliche und elegante Freundin die Bühne mit mir, die während meiner Rede bemerkte, daß mir das Riesenpolster von der Schulter in die Bluse geglitten war. Sie langte mir in den Kragen und griff tief hinunter in den Rücken, um es hervorzuholen. Ich war entsetzt, sprach aber weiter, als hätte ich nicht gemerkt, daß sie schon bis zu den Schultern in meiner Kleidung versunken war. Gut, die Aufmerksamkeit des Publikums ging mir verloren. Alles beobachtete mit fieberhafter Aufregung, wie sie die künstlichen Zentimeter hervorzog und an Ort und Stelle anbrachte.

Wenn doch meine Körperlänge das einzige Kampfgebiet um Größe wäre! Leider bin ich in meinem Glaubensleben auch etwas kurzsichtig. Ich gehöre zu denen, die erst glauben, wenn sie sehen.

Zachäus war ein kleiner Mann, der einen Maulbeerbaum erklomm, um sich zu erhöhen. Damit kann ich mich identifizieren. Aber sein nächster Schritt wirkte ganz anders, als ein verlängertes Gewand oder klobige Schulterpolster unter seiner Toga je hätten wirken können. Er robbte auf einem wakkeligen Ast vor, um den Erlöser zu sehen. Er riskierte die wahrhaft erschütternde Erfahrung des Glaubens und reagierte auf die Aufforderung des Herrn, herabzusteigen und eine Wachstumserfahrung zu machen.

An diesem Tag verzichtete er auf seine eigenen Bemühungen, zu sehen und gesehen zu werden, und machte einen Schritt nach oben, weil der Herr ihn gerufen hatte. Zachäus war keinen Zentimeter größer geworden, aber innerlich hatte er an Statur gewonnen, war ein echter Riese geworden.

Glaube ist ein Angebot ohne Versprechen, gleich „zu sehen“, egal, wie viele Kisten man erklimmt. Das macht angst – als ob man sich auf einen Ast wagt, stimmt's, Zachäus?

Schmutzige Wäsche

Wer meine Freundin Nancy kennt, weiß, was es heißt, einen Wasserfall zu umarmen. Sie sprudelt vor Energie und Begeisterung für das Leben und die Menschen förmlich über. Sie ist voller Freude, und dazu sitzt ihr der Schalk im Nacken. David, ihr Mann, zeichnet sich durch seinen Mut aus und hat Nancys unerhörten Humor bisher nicht nur überlebt, sondern ist dadurch sogar gesegnet worden. Nie werden wir vergessen, wie . . .

. . . der sanfte David (normalerweise geht er auf die Wünsche und Launen seiner Frau ein und hat seinen Spaß daran) eines Tages eine Meinungsverschiedenheit mit Nancy hatte und weder er noch sie von der Überzeugung lassen wollten, im Recht zu sein. Ein paar Tage vergingen seit der Sache, die wie eine elektrische Ladung im Raum schwebte und kein Gespräch zuließ.

Unter solchen Umständen hätte David normalerweise längst eingelenkt; diesmal aber nicht. Nancy war erstaunt, daß er nicht mit ihr sprach, aber auch sie war fest entschlossen, nicht den ersten Schritt zu tun.

Dann geschah es. David kam nach Hause und fing an, den Koffer zu packen. Nancy war sicher, daß er sie nicht verlassen würde; er wurde oft auf Dienstreise geschickt. Aber sie wollte nicht glauben, daß er abreisen würde, ohne vorher den Konflikt zu lösen. David jedoch machte sich mit zusammengebissenen Zähnen reisefertig. Nancy kochte vor Wut.

Die meisten von uns kochen in wütendem Zustand verbal über, um nicht Feuer zu fangen und zu explodieren. Nicht so Nancy. Sie reagierte ihren Zorn ab, indem sie . . . nun ja, *Erinnerungen* kreierte.

In dieser Nacht gingen sie ohne ein Wort zu Bett. David fühlte sich in ihrem „Kalten Krieg" leicht im Vorteil, weil er seine Reisepläne kannte, sie aber nicht. Auch wußte er, daß sie sich darüber aufregte, weil sie sich um jedes Detail kümmert und gern vollständig informiert werden will. In dieser Nacht schlief David mit einem Grinsen auf den Lippen ein. Er hätte vermutlich nicht so ruhig geschlafen, wenn er gesehen hätte, wie auch seine „Gegnerin" zu grinsen begann.

Am nächsten Morgen stand David auf und duschte. Während er sich wusch, trieb Nancy leise ihren Schabernack. Erst einmal zählte sie seine Unterhosen im Koffer, um zu wissen, wieviele Tage er fort sein würde. Damit konnte sie nämlich feststellen, wohin die Reise ging. Er fuhr nämlich immer zu einem von zwei Orten, wo er jeweils unterschiedlich lange bleiben mußte.

Als sie sein Ziel ermittelt hatte, holte sie schnell die sorgsam verpackte Unterwäsche aus dem Gepäck und legte dafür einen Zettel hinein. Mit unterdrücktem Kichern steckte sie die konfiszierten Unterhosen in eine Schublade, verschloß den Koffer, huschte zurück unter die Decke und lachte ins Kissen hinein.

David erschien, geduscht und rasiert, griff sich den Koffer und reiste ab. Es war das erste Mal, daß sie sich ohne Umarmung, Kuß und das Versprechen anzurufen getrennt hatten. Beide genossen aber das Stückchen Trost beim Gedanken, ein Geheimnis zu haben, von dem der Partner nichts wußte.

Der Auslandsflug führte David an einen Ort ohne viel Bewegungsfreiheit, wo er Zeit zum Nachdenken hatte. Er bekam ein schlechtes Gewissen wegen der verunglückten Woche und seiner stummen Abreise. Er liebte Nancy von Herzen und versprach sich und dem Herrn, daß er gleich nach der Ankunft im Hotel anrufen und sich entschuldigen würde.

Nancy machte sich inzwischen im Haus nützlich und versuchte sich hin und wieder vorzustellen, wie David wohl beim Auspacken reagieren würde. Kichernd wartete sie auf das Telefonklingeln. Die Vorfreude war allerdings mit ein wenig Furcht gemischt.

Lange mußte sie nicht warten. „Mama, Papa ist am Telefon; er will dich sprechen!“ rief ihr Sohn.

Nancy war sich nicht sicher, ob sie zum Telefon laufen oder lieber in Deckung gehen sollte. Doch sie gelangte an den Tisch und griff nach dem Hörer. Was sie dann hörte, hatte sie nicht erwartet. Am anderen Ende bekannte David, wie sehr er den Streit bedauerte, um so mehr, als er gegangen sei, ohne die Sache in Ordnung gebracht zu haben.

Nancys Übermut schwand in dem Maße, wie ihr bei seiner Zärtlichkeit und Aufrichtigkeit warm ums Herz wurde. Hätte sie doch auch so ein Bekenntnis abgelegt!

„David, hast du schon ausgepackt?“ fragte sie.

„Nein, noch nicht.“

„Vielleicht machst du das mal“, schlug sie vor.

„Warum? Was hast du gemacht?“

„Mach einfach den Koffer auf; ich bleib’ solange dran.“

David kam lachend zurück. „Sehr witzig, Nancy. Wo hast du meine Unterhosen versteckt?“

„Die? Die sind hier in der Schublade“, gab sie zu.

„Was? Wirklich nicht in einer Seitentasche?“

„Ehrlich, ich hab’ sie rausgenommen, bevor du abgefahren bist. Ist das nicht lustig, David?“ fragte sie mit mühsam aufrechterhaltenem Selbstbewußtsein.

Das Telefon blieb stumm, und dann brach David sehr zu ihrer Erleichterung in heilsames, stürmisches Gelächter aus.

Der Zettel? Ach ja, darauf stand:

„David, Deine Einstellung stinkt mir, genauso wie inzwischen Deine einzige Unterhose!“

Eindrücke

Ist es nicht interessant, welchen Eindruck andere Menschen über Jahre hinweg bei uns hinterlassen?

Da war zum Beispiel dieses Mädchen, mit dem ich in der Grundschule war. Sie hieß Diana, aber sie wollte, daß wir sie „Fred" nannten. Ihr größter Held war ein Serienschauspieler namens Fred Mertz, und ihr erklärtes Ziel im Leben war, so zu werden wie er.

Dieses ungewöhnliche Ziel habe ich in Erinnerung behalten. Sonst weiß ich nur noch von Diana, daß sie uns oft zum Lachen brachte.

Und dann Eva. Eva war in der fünften Klasse mit mir zusammen im Sportunterricht. Sie war und ist der einzige mir bekannte Mensch, der sich die Augenbrauen komplett abrasierte und sich dann mit einem Kohlestift künstliche, übertrieben geschwungene, rabenschwarze Balken aufmalte.

Beim Schwimmen löste sich die ganze Pracht natürlich in Wohlgefallen auf. Ich hatte noch nie einen Menschen ohne Augenbrauen gesehen. Es sah irgendwie nackt aus. Ich bemühte mich zwar, Eva nicht anzustarren, aber meistens konnte ich einfach nicht anders.

Eine andere Eigenart von Eva war ihre Ehrlichkeit. Als sie einmal mitbekam, daß ich für einen Jungen aus der Parallelklasse schwärmte, sagte sie:

„Egal, wer es ist – erzähl es mir bloß nicht! Ich kann kein Geheimnis für mich behalten!“

Ich hätte so etwas niemals öffentlich zugegeben – und schon gar nicht, bevor ich gehört hatte, um was es eigentlich genau ging. Eva hat mich mit ihren rasierten Augenbrauen und ihrer heldenhaften Ehrlichkeit tief beeindruckt.

Auf unserer ziemlich großen Highschool gab es einen Riesenaufruhr, als wir eine neue Steno-Lehrerin bekamen. Sie sah nämlich äußerst ungewöhnlich aus. Heute würde ich sagen, daß sie ihrer Zeit weit voraus war, denn sie trug die Haare bereits hochtoupiert, lange bevor das der letzte Schrei war und alle solche Frisuren hatten. Ihre Haare waren dermaßen hoch aufgetürmt, daß man einen Fußball darin hätte verstecken können.

Als ich sie das erste Mal sah, war ich mir absolut sicher, daß ich sie nicht ausstehen konnte. Wie sollte man auch jemanden mögen, dessen Haare aussahen, als wären sie mit einer Luftpumpe auf Ballongröße aufgeblasen worden? Es stellte sich heraus, daß sie die beste Lehrerin war, die ich je haben sollte.

Als Les und ich jung verheiratet waren, lebten wir anfangs in einem großen Wohnwagen auf einem Campingplatz. Eines Tages bekamen wir neue Nachbarn, ein junges Pärchen, das mit ihrem Camper aus Texas angereist war. Es war der 3. April 1966. Ich erinnere mich so genau an das Datum, weil es mein einundzwanzigster Geburtstag war. Und dies war aus zwei Gründen von entscheidender Wichtigkeit:

Erstens bedeutete es, daß ich nun volljährig war, und zweitens hatte niemand außer mir bemerkt, daß dies mein Jubeltag war.

Als ich unsere neuen Mitcamper ihr Vehikel auf seinen Platz manövrieren sah, beschloß ich, sie zu Kaffee und Kuchen zu uns einzuladen – nicht zuletzt, um mich selbst ein wenig aufzuheitern.

Die Frau sah einfach einmalig aus. Sie trug ihr langes Haar in geflochtenen Schnecken, die sie an beiden Seiten ihres Kopfes festgesteckt hatte, und außerdem hatte sie Hibiskusblüten hineingearbeitet. So etwas hatte ich noch nie gesehen – oder doch, die Eingeborenenmädchen in dem Film Meuterei auf der Bounty hatten so ähnliche Frisuren gehabt.

Die beiden waren sehr nett, und im Verlauf des Abends deutete ich an, daß ich Geburtstag hatte. Les fiel vor Überraschung fast vom Sofa. Dann wurde ihm klar, daß er sich einen schrecklichen Fauxpas geleistet hatte.

Unsere Gäste spürten wohl die Peinlichkeit der Situation und verschwanden ziemlich überstürzt. Ich dachte, sie würden aus Angst vor einem drohenden Ehekrach die Flucht ergreifen.

Eine knappe Stunde später klopfte es an der Tür. Draußen stand unsere Nachbarin und hielt mir einen Kuchen entgegen. Sie war in ihren Camper gegangen, hatte den Kuchen gebacken und liebevoll dekoriert. Sogar mein Name und die so wichtige Zahl Einundzwanzig hatte sie in mühevoller Kleinarbeit daraufgesprüht.

Obwohl dieses Pärchen nur ein paar Tage neben uns wohnte, werde ich sie niemals vergessen.

Geben Sie viel auf den ersten Eindruck, den ein Mensch auf Sie macht?

Was für Eindrücke hinterlassen Sie bei anderen Menschen?

Überschätzt

Winter ... igitt! Kälte und Nässe konnte ich noch nie leiden. Zeit meines Lebens habe ich mich am liebsten im warmen Haus verkrochen und über den Winter beklagt, und ich fühlte mich gerechtfertigt, weil es die meisten Leute ebenso machten.

Doch dann zogen wir um. Unser neues Heim lag einsam an einem Berg in der Nähe eines Skigebietes, und bald wurde mir klar, daß die Winter hier oben sehr langweilig werden würden, wenn ich mir keine interessante Beschäftigung suchte. Ich entschied mich naheliegenderweise für Skifahren.

Das machte Spaß. Ich wählte eine ganz entzückende taubenblaue Skihose, eine passende Jacke, einen niedlichen kleinen Hut, flauschige Handschuhe, eine schnittige Skibrille, hübsche Angora-Unterhosen, farblich auf mein Outfit abgestimmte Skistiefel, rasante Skistöcke – und, ach ja, ein Paar Skier!

Les war der Ansicht, daß es für eine blutige Skianfängerin äußerst unklug war, mutterseelenallein einen „Übungshang“

mit dichtem Baumbestand hinunterzurutschen. Doch ich versicherte ihm großspurig, daß ich das schon hinkriegen würde.

Ich weiß noch genau, wie er mir hinterherrief:

„Wenn du da draußen verlorengehst, dann rechne nicht damit, daß ich dich vor dem nächsten Frühling suchen gehe!"

Dann glitt ich außer Hörweite. Dummerweise verleiht einem eine professionelle Ausrüstung leicht das unrealistische Gefühl, unschlagbar zu sein. Ich kam mir jedenfalls ziemlich unschlagbar vor – und mal ehrlich, was sollte schon so schwierig daran sein, über ein bißchen Schnee zu rutschen?

Ich war sehr davon angetan, wie gut ich mich auf den Brettern zurechtfand. Der Schnee muß genau die richtige Konsistenz gehabt haben, denn ich glitt mühelos dahin. Die ohnehin schon völlig überdrehte Einschätzung meiner eigenen Fähigkeiten wuchs mit jedem Zentimeter weiter an.

An diesem Punkt meiner Selbstüberschätzung kam ich an den nächsten Hügel. Ein recht passabler Hang. Genaugenommen ein geradezu steiler Hang! Er schien mich anzulokken, mir zu schmeicheln, mich herauszufordern . . . Was hinderte mich daran, die Skistöcke fester zu packen und loszusausen?

Das Leben besteht aus Herausforderungen. Der Berg rief! Ich beschloß, dem Ruf zu folgen. Ich stellte mich in Position und lehnte mich nach vorne. Wer konnte denn auch damit rechnen, daß so ein kleines Nach-vorne-lehnen eine solche Schußfahrt auslösen würde?

Der Fahrtwind, der mir schmerzhaft ins Gesicht schlug, trieb mir die Tränen in die Augen und erinnerte mich an die

Herausforderung des Lebens. In diesem Moment erblickte ich den See. Der wiederum erinnerte mich an die Herausforderung eines schmerzhaften Todes.

Wenn ich meine Flugrichtung korrekt einschätzte, dann würde ich den See genau treffen. Die Geschwindigkeit, die ich bis dahin erreicht hätte, würde mich mühelos bis in die Mitte des Sees katapultieren, wo das Wasser am tiefsten war. Und ich hatte mir schon so oft ernsthaft vorgenommen, endlich schwimmen zu lernen! Jetzt schienen mir diese Überlegungen auf einmal sehr dringlich – doch zu spät.

Ich habe eine recht schnelle Auffassungsgabe, und deshalb wurde mir schlagartig ein großes Manko meiner neuerworbenen Skier bewußt: Wer auch immer diese Dinger erfunden hatte – er hatte die Bremsen vergessen!

Zumindest hätte man einen Bremsfallschirm oder einen Anker für den Notfall anbringen sollen. Das konnte man bei dem Preis doch wohl erwarten! Und wo war eigentlich Supermann, wenn man ihn wirklich brauchte?

Doch – "Fürchte dich nicht", sagte da eine Stimme in mir, „denn ich will dir den Ausweg zeigen!" Und wirklich, vor mir tauchte ein Fluchtweg auf: Ein kleines Grüppchen zusammengedrängter Fichten. Genauer betrachtet war dies allerdings kein Fluchtweg, sondern eine Falle, denn ich hätte den Bäumen gar nicht ausweichen können, selbst wenn ich es gewollt hätte.

Ich schoß in die Baumgruppe hinein. Hektisch schwang ich meinen Oberkörper von rechts nach links, um den Baumstämmen auszuweichen, die mir tückisch den Weg versperrten. Meine Skier sprangen über Wurzeln und Baumstümpfe und wollten dabei immer wieder in verschiedene

Richtungen davoneilen, wie ein durchgehendes Pferdegespann. Äste und Zweige verpaßten mir rotglühende Ohrfeigen.

Schließlich wickelte ich mich um einen Baumstamm und kam so zum Halten. Ich lag erst einmal ganz still. Schnee ist nicht so weich, wie er aussieht.

Mühsam versuchte ich nach einer Weile, meinen Körper zu bewegen, der eben noch so mühelos über den Boden geglitten war. Einige Teile davon konnte ich nun gar nicht mehr spüren, andere waren mir dafür umso schmerzhafter bewußt.

Ich sah schon das Gesicht meines lieben Gatten vor mir, wenn er dies erfuhr. Fast konnte ich das vorwurfsvolle „Ich hab's dir ja gesagt!" aus seinem Munde hören, gefolgt von einem hämischen Grinsen. Ich beschloß, diese Geschichte für mich zu behalten.

Inzwischen schmerzte mein ganzer Körper. Es schien zwar nichts gebrochen zu sein, aber sämtliche Körperteile fühlten sich irgendwie an, als säßen sie an der verkehrten Stelle.

Von hier unten betrachtet hatte der Hang die Ausmaße eines Achttausenders angenommen. Ich kroch ihn auf den Knien hoch und schleifte dabei meine leicht derangierte Skiausrüstung hinter mir her. Dabei konnte ich mich des Gefühls nicht erwehren, daß ich beobachtet wurde. Zu meinem Glück fehlte mir jetzt nur noch, daß jemand mich mit der versteckten Kamera gefilmt hatte und das Video bei „Pleiten, Pech und Pannen" einschickte!

Ich begrub die Skiausrüstung im Schnee hinter dem Haus und schlüpfte durch den Hintereingang hinein. Die Schmerzensschreie, die meiner Kehle entweichen wollten, unterdrückend, schlich ich die Treppe hoch und ließ mich aufs Bett sinken. Dann begann ich mit dem schier unlösbaren Akt des Entkleidens.

Just in dem Moment, als ich mich meiner Hose zu entledigen versuchte, kam Les ins Zimmer.

Ich weiß nicht, ob es an der zersplittert um meinen Hals baumelnden Brille, den geweihartig in meinem Hut steckenden Ästen oder den zwischen meinen Vorderzähnen hervorrieselnden Fichtennadeln lag – auf jeden Fall erkannte Les sofort, daß irgend etwas schiefgelaufen war, im wahrsten Sinne des Wortes.

Er war eigentlich ziemlich gnädig mit mir. Er sang bloß zweiunddreißigmal „Oh Haupt voll Blut und Wunden".

Als er den Raum verlassen hatte, fiel mein verschleierter Blick auf die Verpackung meiner Skibrille. Darauf stand: „Für klare Sicht auch in großen Höhen."

Genau das war's, was ich brauchte. Keine schicke Ausrüstung, sondern eine klare Sicht der Realität. Und zwar aus dem Blickwinkel einer höherstehenden Persönlichkeit, als ich es bin.

Vielleicht hätte ich dann von vornherein Spitzenklöppeln zu meinem Lieblingswintersport erkoren. Wer weiß?

Was war das noch gleich für eine Eigenschaft, die vor dem Fall kommt?

Lach dich frei

Wir alle kennen Momente, an die wir uns lieber nicht erinnern – und wenn doch, kommt das Gefühl der Peinlichkeit aufs neue hoch. Zum Beispiel: Sie ziehen eine halbe Rolle Toilettenpapier hinter sich her. Pfennigabsätze eignen sich dazu hervorragend. Man durchbohrt beim Verlassen der Toilette wie mit einem Schaschlikspieß das Papier und kommt damit buchstäblich meilenweit, bis man endlich darauf aufmerksam gemacht wird.

Nachdem ich in meinem Wohnort einmal meine Strumpfhose auf ähnliche Weise nachgeschleppt hatte, ist mein Mitleid allen anderen Schleppern sicher. Ich denke da an einen Herrn, der bei einer Veranstaltung samt seiner Frau zu mir kam und mir sein Abenteuer erzählte.

Der Mann sagte: „Wenn Sie meinen, daß es einer Frau peinlich sein müßte, Strumpfhosen nachzuziehen, was meinen Sie dann erst dazu, wenn es einem Mann passiert? Ich ging zur Arbeit und lief durch das Büro, als eine von den Frauen losgackerte: ‚Was ist das denn, Bill?‘ Ich drehte mich um, und aus meinem Hosenbein baumelte die Strumpfhose meiner Frau. Beiläufig wankte ich zur Wand, schüttelte sie heraus und ging weg. Die Strumpfhose ließ ich in der Ecke liegen. Sollte sie doch sehen, wie sie allein nach Hause kam."

Anscheinend war das Ding durch die statische Aufladung seiner eigenen Hose aufgehoben worden (seine Frau hatte sie bloß liegengelassen). Die Hälfte der Strumpfhose klebte im Hosenbein, die andere Hälfte tanzte hinterher. Der Mann, seine Frau und ich lachten lange und laut, als er seine Geschichte preisgegeben hatte.

Gelächter hat etwas sehr Heilsames. Wenn ich über eine Situation lachen kann, die mein blasses Gesicht in flammendes Rot tauchte, macht sich diese Situation nicht mehr so schmerzlich im Gedächtnis breit.

Meine Freundin Anne ist ein gutes Beispiel dafür. Der Gedanke an ihren „Melonenwurf" bringt sie immer wieder zum Lachen. Als sie einmal Lebensmittel einkaufte, entdeckte sie eine große, längliche Wassermelone. Sie wollte die Melone kaufen, aber die sah ziemlich schwer aus, und sie wußte nicht, ob sie sie überhaupt anheben konnte. Da kein Verkäufer in der Nähe war, entschloß sie sich zu einer Gewichtsprobe. Entweder wog die Melone nicht so viel, wie sie gedacht hatte, oder sie war stärker, als sie glaubte. Auf jeden Fall griff sie sich die Melone und schleuderte sie hoch über sich hinaus. Mit der Geschwindigkeit eines Torpedos glitschte das Monstrum ihr aus den Händen und erhob sich in die Lüfte.

Wieder einmal erwies sich Sir Newtons Theorie der Schwerkraft als richtig. Die Melone stürzte mit großer Geschwindigkeit zu Boden. Wenn so eine Frucht aus fast zwei Metern Höhe auf einen gefliesten Boden fällt, ist „platsch" nur eine armselige Lautmalerei für das, was dann passiert. Die Melone explodierte nicht nur, sondern hinterließ ihre Spuren überall im Umkreis von fünf Metern.

Als Anne sich umdrehte, um ihre mißglückte Herkules-Tat zu begutachten, machte sie eine Entdeckung . . . ein Opfer. Oder sollte ich sagen, das Opfer war eher bedeckt? Eine schick angezogene Unternehmerin sah wie betäubt auf ihre Hose hinunter, von der Wassermelonenstücke hinabtropften.

Anne war eigentlich nicht zum Lachen zumute, aber die ganze Szene offenbarte sich in einer solchen Absurdität, daß sie nicht mehr anders konnte. Die Dame allerdings lachte nicht, was Anne um so mehr reizte. Dann entfernte sich die Frau empört, wobei sie eine Spur von Melonenkernen hinterließ.

Anne mußte sich auf die Möhren stützen, um wieder Luft holen zu können, als der Geschäftsleiter kam und sagte: „Das ist aber gar nicht komisch."

Genau die verkehrten Worte! Die arme Anne legte wieder los. Sie hielt sich den Bauch vor Lachen, das Gesicht lief knallrot an, kurz, sie machte einen recht hysterischen Eindruck. Sie sagte, sie hätte sich um Haltung bemüht und sich vorgenommen, hinter der Dame herzulaufen und sich bei ihr zu entschuldigen. Aber letztlich mußte sie einfach das Geschäft verlassen.

Gelächter kann als Gedächtnisstütze für bestimmte Augenblicke wirken. Ob man allein oder mit anderen lacht – die Erinnerung daran ist mit einem guten Gefühl verbunden.

Ich erinnere mich gut, wie ich einmal im Einkaufszentrum auf dem Boden einen Vierteldollar entdeckte. Wäre es ein

Cent gewesen, hätte ich ihn liegengelassen. Aber einen Vierteldollar? Auf keinen Fall! Ich bückte mich und wischte mit der Hand den Boden entlang, um die Münze aufzuheben, aber sie bewegte sich nicht. Ich versuchte es noch einmal. Vom Eisstand in der Nähe hörte ich Gelächter, aber ich sah nicht hin, weil ich mich auf die glänzende Münze konzentrierte. Wieder versuchte ich, sie aufzuheben, aber sie blieb standhaft. Ich versuchte, sie mit den Fingernägeln loszubrechen. Ich trat mit dem Schuh dagegen. Ich nahm sogar meine Nagelfeile und benützte sie wie eine Brechstange, damit sich die schimmernde Münze endlich lockerte.

Schließlich merkte ich, daß ich beobachtet wurde. Das Gelächter nebenan war zu ungezügelten Heiterkeitsausbrüchen angewachsen. Ich schaute auf und mußte feststellen, daß fünf Teenager mich beobachteten und sich über meine Bemühungen, das Haushaltsgeld aufzubessern, ausschütteten. Dieses Lachen besagte, daß sie etwas wußten, was ich nicht wußte.

Ich fragte: „Okay, was ist hier eigentlich los?"

Ein Mädchen verriet, daß sie die Münze auf den Boden geklebt und beobachtet hätten, wie die Leute sie aufzuheben versuchten. Die Jugendlichen verliehen mir die Wertung: „Besonders hingebungsvoll." Beim Gedanken an meine Vierteldollar-Mätzchen kicherte ich mit.

Lachen ist ein unglaubliches Geschenk. Es hilft uns dabei, uns selbst nicht zu ernst zu nehmen und macht es uns möglich, die peinlichen Momente im Leben zu überleben.

Blickkontakt

Als mich damals in der Schule plötzlich meine Lehrerin ansah, fing mein Herz an zu pochen. Langsam rutschte ich auf meinem Stuhl hinunter und versuchte, in meinem offenen Lehrbuch zu verschwinden.

„Patsy", tönte es, „laß mal deine Hausarbeit hören."

Das war nicht gerade Musik in meinen Ohren. Während meiner Schulzeit hatte ich ungeahnte Kreativität im Erfinden von Drückebergermethoden entwickelt, immer wieder Ausreden gefunden, um nicht nach vorn an die Tafel zu müssen. Das Vermeiden von Blickkontakten war der entscheidende Faktor meiner Strategie. In einem unbedachten Moment jedoch hatte ich einen Blick auf die Tafel geworfen und mußte feststellen, daß die freundliche, aber entschlossene Lehrerin mich ins Auge gefaßt hatte.

Ich kam nicht um eine Reaktion herum, erhob mich langsam und bahnte mir auf gummiweichen Knien den Weg nach vorn. Mein Thema hieß „Chinin".

Die Angst hatte zunächst die Kehle befallen. Ich hatte vergessen, mich zu räuspern, bevor ich das Thema meines Referates nannte. Das „Chi“ klang wie das tiefe Grummeln vor einem Erdbeben, und das „nin“ kam so kreischend zutage, daß es Tote hätte aufwecken können.

Die Klasse grölte. Mein Teint erglühte in Tizianrot. Ich kämpfte mich hastig stotternd durch den Text und schaute kein einziges Mal auf.

Als ich fertig war, hatte das Gelee in meinen Knien sich zu Zement verfestigt. Mit zentnerschweren Beinen humpelte ich steif an meinen Tisch zurück. Ich ließ mich auf den Stuhl fallen und schlug die Augen gedemütigt nieder. Bis zum Ende des Halbjahres studierte ich das Muster auf dem Fußboden und wagte keinen Blick nach vorn, es sei denn, ich wurde aufgerufen.

Wenn ein Mensch keinen Augenkontakt wagt, hat er seine Gründe.

Einmal hatte ich gerade das Schlafzimmer aufgeräumt und eilte in die Küche, weil ich den Glasreiniger brauchte. Auf dem Weg durch das Wohnzimmer schaute ich in Richtung meines (damals) zweieinhalbjährigen Sohnes Marty. Er hatte sich Bilderbücher angeschaut und spielte nun mit seinen Autos. Irgend etwas an seinem Blick ließ mich innehalten. Ich merkte: Es hatte nicht damit zu tun, was ich sah, sondern mit dem, was ich *nicht* sah – mit seinen Augen. Marty blickte auf seine Spielsachen nieder. Ich sprach ihn an: „Marty!“

Er hob den Kopf, mied aber meinen Blick. Ich ging auf ihn zu, und nun sah er mich einfältig an. Dann entdeckte ich es. Auf dem Boden hinter Marty lag ein offenes Röhrchen mit Aspirintabletten für Kinder. Die kleinen rosa Pillen waren zwischen den Spielsachen verstreut. Ich hob Marty zu mir hoch und sah ihm in den Mund. Zwischen den weißen Zähnchen steckten noch zerkaute Aspirinkrümel. Mein Herz fing heftig an zu klopfen.

Dieses Röhrchen war gerade gekauft worden, und wir hatten erst wenige Tabletten gebraucht. Ich sammelte die übrigen Tabletten auf und zählte sie schnell durch. Offensichtlich hatte Marty neunundsechzig Aspirin verschluckt.

Ich hob ihn in die Arme und rannte zur Wohnung unserer Nachbarn. Wir hatten kein Telefon, und Les war mit dem Auto fort zur Arbeit. Bei Sharon angekommen, lief ich ans Telefon und wählte krampfhaft die Nummer unseres Arztes. Die Frau am anderen Ende der Leitung wies mich an, Marty nicht in die Praxis zu bringen, sondern statt dessen zu versuchen, ihn sich übergeben zu lassen. Ich sollte ihm meinen Finger in die Kehle stecken. Sie teilte mir mit, die Ärzte seien zu beschäftigt, um mit mir zu sprechen. Immerhin arbeitete sie in einer Arztpraxis. Ich dachte, sie wisse, was am besten sei und wollte tun, was sie mir geraten hatte.

Mit flauem Gefühl im Magen legte ich auf, aber die Unruhe hatte sich keinesfalls gelegt. Ich wählte die Nummer meiner Mutter und rief ihr zu: „Marty hat eine Überdosis Aspirin geschluckt! Hilf mir!“ Ich warf den Hörer hin, ohne eine Antwort abzuwarten, und lief mit Marty im Arm wieder zurück in unsere Wohnung.

Als meine Mutter kam, bearbeitete ich den Kleinen gerade im Bad. Es war zwar nötig, was ich da machte, aber sehr unangenehm für uns beide. Mama und ich wechselten uns ab, um ihn den in dieser Dosis giftigen Stoff hervorwürgen zu lassen, bis auf einmal Mamas Fingernagel seine Mandeln ankratzte und Marty anfing, Blut zu spucken.

Mama und ich waren unschlüssig, ob wir weitermachen sollten, also nahmen wir ihn hoch und rannten wieder zum Telefon. Diesmal konnte ich direkt mit dem Arzt sprechen. Er war entsetzt zu hören, daß mir gesagt worden war, nicht zu kommen. Jetzt war zuviel Zeit verstrichen, und das Aspirin war in Martys Blutkreislauf übergegangen. Der Arzt schlug vor, ihn spielen zu lassen, dabei aber seine Augen zu beobachten und ihn nicht einschlafen zu lassen. Er sagte, wenn Martys Atmung unregelmäßig würde, sollten wir ihn sofort zur Notaufnahme ins Krankenhaus bringen.

Ich legte auf, und während ich Mama erzählte, was der Arzt gesagt hatte, fielen Marty die Augen zu, und sein Atem wurde unregelmäßig. Ich schüttelte ihn entschlossen wach; dann eilten wir zum Krankenhaus.

Es sollte eine der längsten Nächte meines Lebens werden. Im Krankenhaus wurde ich nicht an Martys Behandlungsbett gelassen; also mußte ich die ganze Nacht im Wartezimmer verbringen. Bei Tagesanbruch war er außer Lebensgefahr. Mama und mir war es gelungen, ihm so viel Medizin aus dem Magen zu schaffen, daß er keine bleibenden Schäden erlitt. Aber er brauchte eine Weile, um sich vom Schrekken dieses Ereignisses zu erholen (wir übrigens auch).

Nach der Heimkehr rekonstruierte ich, wie Marty an das Aspirin gekommen war. Es gab damals noch keine kindersicheren Flaschenverschlüsse; deshalb hatte ich die Flasche zur Vorsicht auf das höchste Regal in der Wohnung plaziert. Der erfinderische Marty jedoch hatte sich einen hohen Stuhl an das Regal gezogen und war mitsamt seinem Spielzeuggolfschläger darauf gestiegen. Nach allem, was wir ermitteln konnten, war er dann auf ein Regalbrett geklettert, hielt sich mit einer Hand fest, schwang den Schläger und schlug damit das Fläschchen von ganz oben herunter. Der Fall mußte den Deckel gelockert haben, und den Rest kennen wir bereits.

Was mich auf diesen Unfall aufmerksam gemacht hatte, waren weder der Stuhl noch der Golfschläger, sondern Martys Augen – besonders die Tatsache, daß er mich nicht anschaute.

Wenn die Menschen einen nicht anschauen, gibt es Gründe dafür.

Ich merke es, wenn meine Freundin auf ihren Mann sauer ist: Sie sieht ihn nicht an. Sie vermeidet die Anerkennung seiner Existenz, bis er sich irgendwie zurück in den Bereich ihrer Gnade begeben hat.

Andere wissen nicht, wie sie mit ihren Gefühlen umgehen sollen und werden sich bewußt, daß sie Blicken ausweichen, um die versteckten Gefühle oder den sich anbahnenden Konflikt zu vermeiden. Das Verweigern von Blickkontakt ist ein genauso deutliches Warnsignal wie ein aufheulender Rauchdetektor. Dahinter steht immer ein schmorendes Beziehungsproblem. Wie oft hat man gehört oder selbst gesagt: „Warum schaust du mich nicht an, wenn du dich wirklich nicht ärgerst?"

Manche Leute haben so starke Schamgefühle, daß sie sich unwürdig fühlen, einen persönlichen Blickkontakt zu wagen. Dazu gibt es emotional Verletzte, die sich eingeschüchtert und unnormal vorkommen. Sie gestatten sich nur hastige Blicke auf die Menschen in ihrer Umgebung.

Außerdem kann auch Schuld als visuelle Schranke die Mitmenschen aus dem Blickfeld verbannen. Ob die Schuld echt oder nur eingebildet ist, sie beeinflußt immer unsere Beziehungen zu anderen.

Wie ich schon sagte: Wenn jemand uns nicht ansehen will oder wir selbst den Blickkontakt scheuen, gibt es immer einen Grund dafür.

Ach, du meine Güte!

Spiele mit Wörtern finde ich toll, obwohl Les lieber zum Zahnarzt gehen und sich alle Zähne ziehen lassen würde, als dabei mitzumachen. Also spielen wir einmal jährlich Scrabble, ob er nun will oder nicht. Das ging solange gut, bis . . .

Es dämmerte gerade, und wir hatten eben erst angefangen zu spielen (wenn man Les fragen würde, schon vor Stunden), als unser damals acht Jahre alter Sohn Jason fragte: „Was ist das für ein Lärm?“

Ich starrte gebannt auf mein Buchstabenbrett und schaute nicht einmal auf. Les, der sich gerade damit beschäftigte, die Spinnweben an der Decke zu zählen, ging sofort auf Jasons Bemerkung ein, die ihm immerhin einen Ausweg eröffnen konnte. Genau das passierte auch.

Jason trat ans Fenster, machte tellergroße Augen und schrie: „Die Pferde sind ausgebrochen! Die Pferde sind ausgebrochen!“

Damit war auch meine Konzentration dahin. Wir liefen beide ans Fenster, um uns selbst zu überzeugen. Für Augenblicke blieben wir mit klopfendem Herzen wie gebannt stehen. Wir mußten mitansehen, wie ein Dutzend Pferde über unseren Hof in Richtung Straße galoppierte.

Die drohende Katastrophe bewirkte, daß wir alle in die Gänge kamen. Les schrie nach unserem ältesten Sohn Marty und dessen Freund Steve, um zu versuchen, mit ihrer Hilfe den Pferden den Weg abzuschneiden. Die Jungen flitzten durch die Hintertür, und Les rannte vorn hinaus.

Ich mit meiner großen Begabung für Krisensituationen lief im Haus hin und her und rief andauernd: „Ach, du meine Güte! Ach, du meine Güte!"

Dann stürzte ich auf die Veranda und wagte einen Blick hinaus, aber ich konnte nicht sehen, was passiert war, weil die Pferde aus unserem baumumsäumten Hof hinaus und auf die stark befahrene Straße galoppiert waren. Allerdings hörte ich etwas. Erst quietschendes Bremsen, dann einen widerlich dumpfen Aufprall und das Geräusch von splitterndem Glas. Es schüttelte mich am ganzen Leib, und mein Verstand schaltete auf Hochtouren.

Ich stürzte zurück ins Haus und rief unseren Freund Tom am anderen Seeufer an. „Komm schnell! Die Pferde sind weg . . . Straße . . . Zusammenstoß, Glas . . . Krankenwagen, Tierarzt . . . Abschleppwagen . . . Komm schnell!" Ich stotterte wie ein Stenograph.

Japsend lief ich wieder zu den Bäumen, hatte aber zuviel Angst hinzuschauen. Jason stand weit vorn und wollte sehen, was los war, aber ich holte ihn zurück. „Nein, Jason, das ist zu schlimm für ein Kind. Geh zurück ins Haus", gab ich ihm deutlich zu verstehen. Dann kam mir die Richtigkeit dieser Worte zu Bewußtsein, und ich ging mit.

Als ich an der Haustür ankam, stapften Marty und Steve

gerade den Hang herauf, nachdem sie den Rest der Herde eingefangen hatten. Dann kam Les, schüttelte den Kopf und wischte sich das Gesicht ab. Nun fing er an, die Folgen des Ausbruchs zu schildern.

Anscheinend war ein Nachbar gerade auf dem Nachhauseweg von der Arbeit gewesen und kam den Hügel hoch, wo unser Haus lag. Auf der Kuppe geriet sein Volkswagen ganz plötzlich in die Ausbrecherschar. Er stieg auf die Bremse, rutschte und prallte mit seinem kleinen Käfer gegen ein Pferd, das auf sein Dach geschleudert wurde und sanft hinten wieder auf die Straße glitt, jetzt in umgekehrter Richtung. Beim Rutsch über das runde Dach durchbrach ein Huf die Windschutzscheibe und sorgte für einen Haufen Glassplitter, säuberlich auf dem leeren Beifahrersitz angehäuft.

Der unverletzte, aber verblüffte Fahrer brauchte einen Moment, um sich wieder zu sammeln. Dann fuhr er nach Hause (und hatte eine saftige Geschichte zu erzählen: „Ratet mal, was mir passiert ist . . ."). Der aufgeschreckte Ausreißer wurde mit großen Augen und etwas klüger als zuvor zum Rest der Herde in den Stallhof geleitet.

Les und die Jungen waren gerade zu Atem gekommen, als Tom mit seinen Mannen angefahren kam. Seine Frau Joyce, die Kinder und ein paar Freunde hatten sich alle in den Wagen gequetscht, um den Unfall mit den ausgerissenen Pferden zu begutachten und zu helfen, wo es möglich war.

Aber jetzt waren Käfer, Fahrer, Pferde und selbst das Glas schon weg. Die Straße dröhnte vom Verkehrslärm, die Pferde grasten unschuldig auf der Weide, und Les machte es sich am Scrabblebrett bequem . . . und grinste. Es war offensichtlich ein ganz normaler Abend bei den Clairmonts.

Unsere Freunde schauten mich an, als hätte ich die ganze Geschichte nur erfunden. Das fragte ich mich allmählich auch. Les rückte endlich mit der Wahrheit heraus, aber erst, als ich ihn von der Bürde des Scrabblespielens erlöst hatte.

Wenn die Emotionen nachts wie wilde Pferde losbrechen, kann man am Ende mit Hufabdrücken im Gesicht enden.

Ich war aufgrund der Geräusche zu meinen Schlüssen gekommen, hatte aber eigentlich nichts gesehen und gab das Gehörte als bare Information weiter. Bei alledem dämmerte es mir, daß ich so etwas nicht gerade zum ersten Male gemacht hatte.

Die mit dem Besen tanzt

Ich war völlig ausgelaugt und wollte mich nur noch ausruhen, als ich das Flugzeug nach Hause bestieg. Ich fand meine Reihe und machte mir heimlich ein Bild von meiner Sitznachbarin. Sie war eine normale Frau, die nach fünfzig Jahren aussah. (Ich mochte sie sofort, weil sie älter war als ich.) Ich spähte unauffällig hinüber, um kein Gespräch heraufzubeschwören. Nichts sollte meine Siesta in den Lüften stören.

Macht es Sie nicht auch verrückt, wenn Sie sich innerlich auf etwas eingestellt haben und irgend jemand in Ihren Bereich getrampelt kommt, der diesen Plan umkippt?

Diesmal war mein „Trampel" die Stewardeß. Sie flitzte durch den Gang und bot Mahlzeiten an. Mein Magen setzte sich gegen das Schlafbedürfnis durch, und schließlich plauderte ich mit meiner Nachbarin Susan. Zum Glück! Eine „normale" Frau war das nicht.

Susan erzählte mir eine unglaublich traurige Geschichte mit überraschendem Ausgang. Sie sagte, ihr Ehemann – sie war dreißig Jahre mit ihm verheiratet und liebte ihn – sei vor kurzem zu dem Schluß gekommen, er liebe eine andere und wolle sich scheiden lassen. Das Gefühl, vernichtend betrogen worden zu sein, vertiefte sich noch, als Susan klar wurde, daß sich diese Affäre schon seit Jahren hinzog. Er war außerdem ein cleverer Geschäftsmann und hatte sich auf diese Entscheidung vorbereitet, so daß er als finanzieller Gewinner dastand.

Susan war vor Kummer erst wie betäubt und dann wie gelähmt. Ihr Mann nutzte den Schock zu seinem Vorteil aus und kratzte schnell und wild entschlossen alles zusammen, was er kriegen konnte. Die entsetzte Susan wurde vom Gericht benachrichtigt, daß sie ihrem Mann und dessen Freundin das schöne Haus überlassen mußte, in dem sie dreiundzwanzig Jahre gelebt und ihre fünf Kinder großgezogen hatten.

Zum einen Kummer kam also der nächste, und Susan zog in ein winziges möbliertes Appartement. Dort versuchte sie herauszufinden, was eigentlich schiefgegangen war. Bei der Scheidungsvereinbarung wurde ihr ein kleines, kurz vor der Pleite stehendes Geschäft übereignet, das ihr ein Einkommen sichern sollte. Was nicht nur ihre Probleme, sondern auch noch den Schmerz verschärfte: ihr Ex-Mann und seine Freundin eröffneten in der gleichen Straße ein neues Geschäft als Konkurrenz.

Liebe Leute, ich weiß nicht, was Sie dazu sagen, aber spätestens hier hätte ich meine Hände gehoben und aufgegeben.

Nicht aber Susan. Sie hörte in sich hinein und entdeckte ihren Glauben neu. Sie wollte nicht hinnehmen, daß die Entscheidungen anderer Leute ihr alle Lebensfreude nehmen oder die Zukunft verbauen sollten. Sie war entschlossen, ihr

Dasein nicht als Opfer zu fristen, sondern mit Siegeswillen und dankbarer Einstellung neu anzufangen. Nein, für den unglaublichen Verlust war sie nicht dankbar, aber dafür, daß Gott gebrochene Herzen heilt.

Eines Tages beim Abwasch schaltete Susan den kleinen Fernseher an der Spüle ein. Sie probierte die Kanäle durch, landete bei einer Musiksendung und wurde von der anstekkenden Melodie gefesselt. Aber leider hatte sie keinen Tanzpartner.

Dann fiel ihr Blick auf den Richtigen. Er lehnte am Schrank. Es war ein großer, schlanker, stiller Typ. Sie tanzte hinüber und umarmte den Küchenbesen, wirbelte dann durch den Raum und lachte und sang. Immer wieder drehte sie sich, bis ihr vor Vergnügen schwindlig wurde. Plötzlich merkte sie, daß sie nicht allein war.

Susan sah, daß ihre drei verheirateten Töchter zu Besuch gekommen waren. Sie standen im Flur und kicherten über die Mätzchen der Mutter. (Aus Sorge, daß sie die Verluste nicht verkraften konnte und sich aus Verzweiflung etwas antun würde, schauten sie regelmäßig an bestimmten Tagen vorbei.)

Wie Susan so ihren stummen Partner hielt, schaute sie sich die Mädchen an und sagte: „In den nächsten Jahren dürft ihr mich gern so im Gedächtnis behalten . . . beim Tanzen."

Susan wollte kein Erbe der Zerstörung und Verzweiflung hinterlassen. Vielmehr entschloß sie sich, ein lebendiges Zeugnis des Mutes, ihrer tiefsten Überzeugungen und – auch das – der Lebensfreude weiterzugeben. Ihre Lebensumstände waren alles andere als normal, aber trotzdem reagierte sie so darauf.

Nebenbei, sie schaffte es, das kleine Geschäft wiederzubeleben, sich ein hübsches Haus zu kaufen und ein reiches und aktives Leben zu führen. Sie entschied sich dafür, sich nicht im Kummer oder in den Verlusten zu vergraben, sondern inmitten der Verwüstung zu tanzen.

Kehrtwendung

Ich bin immer in Bewegung. Unterwegs zu Veranstaltungen, in die Stadt, auf den Berg, ins Tal, sogar in die Irre. Nur in eine Richtung geht es nicht: zurück. Ich bin eine vorwärtsgerichtete Person, verheiratet mit einem Mann, der noch stärker in diese Richtung drängt. Wenn Les und ich unsere Zufahrt hinausfahren und am Briefkasten (der am Torpfosten befestigt ist) merken, daß wir etwas vergessen haben, gehen wir nicht zurück; wir verzichten auf die Sache.

Vor diesem Hintergrund kann man sich vorstellen, wie schwer es mir fällt, wenn nichts anderes als die Umkehr übrigbleibt.

Meine Freundin Janet und ich waren zum Ausspannen einige Tage in eine wunderschöne Gegend an einem See gefahren. Es gab hier einfach alles: englische Gärten, wilde Truthähne, Hirsche und Schwäne.

Am meisten Aufmerksamkeit schenkten wir den Schwänen – besonders dem Männchen, ein wahrhafter Macho. Er krempelte auf ewig unsere Vorstellung um, Schwäne seien sanfte Schönheiten. Dabei sah er ja gut aus; aber sanft? Was glauben Sie wohl?

Wir gaben ihm den Spitznamen „Dick, der Schläger". Dicks Gangart war ein übertriebenes Stolzieren. Er plusterte seine Brustfedern auf und watschelte los. Weiterhin schüchterte der Macho uns mit seinem geschwungenen Hals ein: er streckte ihn so weit vor, daß er vom Frage- zum Ausrufezeichen wurde. Dieses Kunststück ließ bei uns die Frage aufkommen, ob sich in seiner Ahnenreihe Giraffen befanden. Er schien der Ansicht zu sein, daß ihm das Gelände persönlich gehörte und wir bloß Eindringlinge seien. Nachdem er uns in die Küche zurückgedrängt hatte und erst hinausließ, als es ihm schließlich langweilig wurde, kam uns die Erleuchtung, daß er tatsächlich der Eigentümer war. Wir hielten uns so gut wie möglich von ihm fern, solange wir blieben.

Als es für Janet und mich Zeit wurde abzureisen, war uns eher nach Verweilen zumute, weil das Schreiben hier wie von allein funktionierte. Mit des Schlägers Erlaubnis jedoch beluden wir den Kleinbus und sagten allen „Auf Wiedersehen". Wir umarmten Zona (die beste Köchin von Michigan), winkten aus dem sicheren Auto Dick und seinem schlanken Weibchen zu und begaben uns auf die staubige Piste.

Uns stand eine dreistündige Fahrt bevor. Die Zeit ließ sich unserer Meinung nach gut für ein Brainstorming nutzen. Janet und ich plauderten schon eine Stunde lang, als ich merkte, daß die Tankanzeige ein wenig in Richtung Reserve neigte. Lieber wollte ich jetzt volltanken, als später einen unliebsamen Aufenthalt zu riskieren.

Ich bog bei einer ländlichen Tankstelle ab und orderte für zehn Dollar Benzin. Dann langte ich nach meinem Portemonnaie. Es war nicht da. Ich geriet in Panik. Janet betete. Dann wollte Janet zahlen: Nur Kleingeld in der Geldbörse.

Ich fuhr von den Zapfsäulen fort, um am Randstreifen zu parken, und begann eine wilde Suchaktion. Ich durchwühlte Kisten, Taschen und Gepäck, um das Portemonnaie gewaltsam in die Existenz zu zwingen. Während ich den Wagen auseinandernahm, stopfte Janet sich einen Keks nach dem andern in den Mund.

Schließlich mußte ich mir eingestehen, daß ich die Handtasche beim „Schläger" vergessen hatte. Das alte Schnabelgesicht war sicher gerade jetzt dabei, sie zu durchsuchen, während ich das Auto durchwühlte. (Ob Schwanenfedern wohl eine gute Kissenfüllung ergeben?) Was den Frust noch vermehrte: Jetzt schüttete es wie aus Eimern; ein unangenehm kalter Regen!

Beim Nachdenken, was einfacher wäre als eine Umkehr, kam ich darauf, Les anzurufen. Das einzige Telefon in der Gegend hatte keine Überdachung. Vom Auto aus konnte ich es nicht bedienen. Also sprang ich in den strömenden Regen hinaus und griff nach dem Hörer. Erst da stellte ich fest, daß ich meine eigene Nummer vergessen hatte. Ich riß die Autotür auf und fragte meine Freundin, ob sie vielleicht meine Nummer wüßte. Inzwischen hing mir das Haar wie nasse Federn im Gesicht.

Janet kaute immer noch Kekse. (Wahrscheinlich war sie nicht hungrig, dachte aber wohl, es sei besser, den Keksen statt mir zu Leibe zu rücken.) Sie griff in ihre Handtasche und holte meine Nummer heraus. Dann versuchte sie, sie vorzulesen, bedachte mich aber statt dessen mit einem Krümelregen. Ich nahm den klebrigen Zettel mit den gekritzelten Zahlen und eilte zurück ans Telefon. Les war am Apparat, als der Regen die Schrift fortgewaschen hatte. Das Papier war jetzt ebenso leer, wie ich mich fühlte.

Nach schnellem, aber plitschnassem Wortwechsel waren Les und ich einer Meinung: Ich mußte zurück, um meine Sachen wiederzubekommen. Ich platschte zurück zu Janet, die die Kekse anscheinend wie ein Hamster in ihren Backen versteckte. Ich eröffnete meinen Rückzugsplan. Sie schluckte mit einiger Mühe den Keksbrei hinunter und lächelte matt.

Als ich dann gedreht und den Wagen in die „falsche" Richtung gelenkt hatte, versuchten wir es mit etwas Fröhlichkeit. Wir erinnerten uns an eine Bäckerei am Wege, die frischgebackenen Kuchen anpries. Tapfer hatten wir beim ersten Vorbeifahren der Versuchung widerstanden, uns ein Stück zu kaufen. Jetzt waren wir uns einig, nicht nur anzuhalten, sondern uns als Trostpflaster je einen ganzen Kuchen zu gönnen. Zur Vorbereitung für diesen Höhepunkt teilten wir einander die Möglichkeiten mit, welche Sorten wohl vorrätig seien, und versuchten uns die lockere, flockige Kruste vorzustellen.

Uns war das Wasser längst im Munde zusammengelaufen, als wir die Bäckerei am Straßenrand entdeckten. Ich bog schnell in die Einfahrt ein, mußte aber eine schreckliche Entdeckung machen. Die Bäckerei war geschlossen. Ich fing an mich zu fragen, wie eine Schwanenpastete schmecken mochte.

Ich weiß, daß eine Stunde Fahrt nicht sonderlich lang ist, aber wenn ich mich erstmal zum Vorwärtspreschen entschlossen habe, finde ich einen Richtungswechsel sehr ärgerlich. Mein Fehler verlängerte die Reise um zwei unnötige Stunden. Mit jeder Meile zurück spürten wir den emotionalen Druck des „falschen Weges" stärker.

Janet war so freundlich, sich die Bemerkung zu verkneifen, ich sei ein Schwachkopf. Aber ich selbst fand es schwierig, mir diese dumme Fehlleistung zu vergeben.

„Hätte ich doch bloß nicht meine Sachen liegengelassen", jammerte ich hin und wieder. Meine Tasche war nun doch zu wertvoll, als daß ich nicht zurückkehren mußte. Alle meine Papiere steckten darin, natürlich auch mein Geld. Ich mußte nun mal die ganze Strecke zurück, bevor wir den Nachhauseweg fortsetzen konnten.

Wenn es um die Bewältigung der Vergangenheit geht, erkenne ich die gleiche Wahrheit darin. Wir müssen manchmal bereit für eine Rückschau sein, damit wir vorwärts gehen können. Wenn nicht, verzichten wir auf wertvolle Bereiche unserer Identität.

Üblicherweise ärgert man sich, wenn man wegen der emotionalen „Handtaschen" umkehren muß, weil die meisten Menschen ihre Wegweiser nach vorn eingestellt haben. Die Umkehr scheint pure Energieverschwendung zu sein. Aber hier ist es nicht anders als bei der Wiederentdeckung der Tasche; als ich mein Eigentum in der Hand hielt, verflüchtigte sich der Ärger, und ich war zum Vorwärtsstreben wieder voll ausgerüstet.

Die zeitweilige Unbequemlichkeit der Umkehr ließ mich viel besser dastehen, als wenn ich nach Hause gefahren und zum Ärger auch noch der Verlust meines Eigentums gekommen wäre.

Ungelöste Konflikte aus der Kindheit können uns in einen Teufelskreis aus Ärger, Schuld, Scham und Angst bannen. Diese Gefühle verzehren viel mehr Zeit als die Mühe um Vergangenheitsbewältigung und Klärung der persönlichen Angelegenheiten. Sie belasten zudem unsere Beziehungen und halten uns ausweglos in negativen Gefühlsbereichen fest.

Angie fühlte sich wie die Maus im Labyrinth. Sie steckte tief im unbeherrschbaren Gefühlswirrwarr und fand keinen Ausweg. Ihr Mann Rick hatte sich beim Versuch, sie zu verstehen, verausgabt und drohte mit der Trennung.

Als Angie mich zum ersten Mal anrief und ihr seltsames Verhalten bekannte, schlug ich ihr vor, mit einem Seelsorger über Verletzungen in der Kindheit zu reden. Sofort erklärte sie zornentbrannt: „Meine Kindheit war wie aus dem Bilderbuch. Absolut vollkommen."

Angies heftige Reaktion zeigte mir, daß die Vergangenheit ein schmerzhafter und angstbesetzter Bereich für sie war. Ihre Erklärung bewies ein extremes Bedürfnis, nicht nur eine Rückkehr dahin zu vermeiden, sondern sogar den Rückspiegel zu verhängen. Ihre Weigerung, das Gestern als Antwort für das Heute in Erwägung zu ziehen, war so normal wie mein Zögern, wegen der Tasche umzukehren.

Später fand sich Angie zur Reise ins „Zuhause" bereit. Sie war verzweifelt genug über ihren emotionalen Zustand und machte sich Sorgen um ihre Ehe. Sie verarbeitete ihre Kindheitserlebnisse, die sich als wichtiger herausstellten, als sie je geglaubt hätte. Außerdem verspürte sie eine innerliche Erleichterung, die ihr ein Vorwärtskommen ermöglichte.

Die seltsamen Denk- und Verhaltensweisen, von denen sie zuvor geplagt worden war, traten seltener auf und blieben dann ganz aus. Als Angie sozusagen den „Sender" wechseln (das Bilderbuch zuklappen) konnte, kam ihr das Leben klarer zu Bewußtsein. Sie fing an, sich auf die Realität einzustellen und zu erkennen, wie ihr Leben in Wirklichkeit verlaufen war. Das Leben in der Wahrheit trug dazu bei, die Emotionen heilen zu lassen, auch wenn es anfangs wehtat. Heute erfreut Angie sich gesunder Denkweisen und besserer Beziehungen.

Der Weg zurück ist so manches Mal der größte Schritt nach vorn, den wir tun können.

Einsichten nach einem Unfall

Ich hüpfte zur Tür hinaus und platzte vor Energie, weil ich mein Schreibvorhaben geschafft hatte und von der Vorstellung beflügelt war, mir etwas Hübsches zu gönnen. Ich hatte zwei Tage lang an einer Geschichte gearbeitet und sie endlich vollendet. Während des Schreibens dachte ich oft an ein antikes Möbelstück vor, das ich in der Stadt gesehen hatte. Es paßte perfekt in mein Büro. Ich brauchte unbedingt ein Regal und Schubladen, und dieses Stück bot beides, und zwar nicht nur das. Auch der Preis war in Ordnung.

Ich war begeistert, als ich in unsere nette kleine Stadt mit den vielen hübschen Geschäften eilte, die ihre wunderschönen Schnäppchen feilboten. Fast war ich an meinem Ziel, als ich im Rückspiegel ein Auto in rasend schneller Fahrt auf mich zukommen sah. Ich weiß noch, wie ich dachte: *Der Kerl knallt mir drauf, wenn ich mich nicht aus dem Staub mache.* Ich trat aufs Gaspedal und kurbelte am Lenkrad, um in eine Parklücke zu flüchten. Da passierte es. Ein lautes Krachen, dann mahlende, knirschende, malmende Geräusche. Mein Kleinbus hatte die Stoßstange eines geparkten Autos gebügelt.

Ich hege die Überzeugung, daß man sich ein Auto mit Insassen aussuchen sollte, wenn man eine Beule hineinfahren will. Wer ein leeres, geparktes Auto rammt, bringt sich um jede Chance, daß der andere schuld sein könnte. Aller Augen ruhen auf dem Täter. Außerdem sollte man sich nicht gerade die Hauptstraße des eigenen Wohnorts aussuchen, wenn man schon einen unübersehbaren Unfall bauen muß.

Ich sprang aus dem Kleinbus, um mir den beschädigten Wagen anzusehen. Er hatte am Kotflügel zwei silbrige Schönheitsstreifen, und die chromglänzende Stoßstange wölbte sich nach außen statt nach innen, was einen etwas protzigen Eindruck machte.

Dann rannte ich zum nächstgelegenen Büro und fragte, ob der Wagen dort irgend jemandem gehöre. Das war nicht der Fall; also lief ich zum nächsten Haus, als ich jemanden meinen Namen rufen hörte.

Eine Dame, die ich vor zwei Wochen gerade bei einer Bibelstunde kennengelernt hatte, winkte und lief über die Straße auf mich zu. Sie umarmte mich und erzählte, daß alle Frauen im Damenbekleidungsgeschäft meinen Unfall gehört hätten und zum Fenster gelaufen seien, um Geschehen und Täter zu betrachten. Als ich aus meinem Wagen gestiegen sei, habe sie aufgeschrien und gerufen: „Ich kenne die Frau!" In einer kleinen Stadt ist es nicht einfach, anonym zu bleiben.

Dann, als sie das verbeulte Auto begutachtete, fügte sie hinzu: „Sie könnten diese Geschichte ja bei Ihren Veranstaltungen erzählen."

Ganz im Vertrauen – in diesem Augenblick war ich nicht gerade scharf darauf, auch nur meinem Mann, geschweige denn der ganzen Welt, von meiner Untat zu berichten.

Ich flitzte in das Geschäft mit dem Schrank und rief der Verkäuferin zu: „Ich muß mich bei der Polizeiwache melden, aber würden Sie bitte diesen Schrank für mich ausmessen? Ich bin gleich wieder da und kaufe ihn."

Als ich Richtung Ladentür lief, hörte ich eine freundliche Stimme: „Ich hab' ihn gerade verkauft."

„Nein!" schrie ich auf. „Das haben Sie falsch verstanden! Ich habe auf dem Weg hierher ein Auto gerammt und möchte dieses Stück kaufen" (als ob das etwas hätte ändern können). Dann jammerte ich: „Die Käuferin hat doch nicht etwa einen dunkelblauen Buick gefahren?"

Die Verkäuferin bestätigte, daß es nicht so sei. Offensichtlich tat ich ihr leid, mir aber um so mehr. Auf dem Weg zur Polizei dachte ich: *Vielleicht sollte ich zusehen, daß ich mich in den Knast stecken lasse, damit ich meinen Kaufrausch samt Katzenjammer ausschlafen kann.*

Als ich ankam, bekannte ich einer Frau hinter dem vergitterten Glasfenster, daß ich ein Verbrechen begangen hätte. Sie bestellte einen Beamten her, der den Bericht verfassen sollte. Beim Warten merkte ich, daß der Reißverschluß an meiner Hose offen stand und meine rote Bluse wie eine Straßenarbeitsflagge hinten hinaushing. Ich wandte mich rasch von den Männern im Wartezimmer ab, um mich herzurichten. Ich wollte lieber nicht daran denken, wie die lange rote Bluse geflattert hatte. Trotzdem schoß mir gleichsam wie ein Zeichentrickfilm die Vorstellung durch den Kopf, daß ich quasi als Signalflagge auf der

Suche nach dem Autobesitzer von Geschäft zu Geschäft gelaufen war.

Der Beamte erschien und stellte seine Fragen. Fast am Ende der Befragung wollte er wissen: „Wie hoch ist der Schaden an Ihrem eigenen Wagen?"

„Weiß ich nicht", antwortete ich.

„Das wissen Sie nicht?" echote er.

„Ich weiß es nicht", bekräftigte ich.

„Warum wissen Sie das nicht?" Er ließ nicht locker.

„Weil ich nicht nachgesehen habe."

„Warum haben Sie nicht nachgesehen?" fragte er ungläubig.

„Ich verweigere die Aussage", beharrte ich.

„Sie müssen nachsehen", teilte er mir mit. Dann schickte er mich hinaus, damit ich meine Autopapiere holte.

Ich kam mit der Zulassung zurück.

„Na", fragte er, „wie hoch ist der Schaden?"

„Herr Beamter, ich habe nicht nachgesehen", sagte ich mit höflicher Resignation. Ich wollte einfach nicht nachsehen. Was, wenn es ein wirklich schlimmer Schaden war?

Er schüttelte den Kopf und gab mir die Papiere zurück. Als ich ging, hörte ich ihn noch sagen: „Sie müssen aber nachschauen."

Als ich nach Hause kam, bat ich Les, hinauszugehen und nachzusehen.

Es stellte sich heraus, daß ich den Unfallgegner mit meinem Trittbrett gestreift hatte. Das Trittbrett war nicht ab, aber fest saß es auch nicht mehr. Es hing irgendwie in der Luft. An beiden Enden baumelte es bedenklich.

Warum habe ich nur immer diese Tendenz wegzulaufen,

wenn es unangenehm wird? Und warum gebe ich mich immer wieder der völlig unlogischen Hoffnung hin, daß eine Sache sich schon von selbst erledigen wird, wenn ich nicht hinsehe? Daß die Zahnschmerzen schon wieder verschwinden werden oder der Knoten in der Brust schon kein Krebs sein wird, solange kein Arzt ihn gesehen hat?

Tatsachen sind nun mal Tatsachen – auch, wenn ich so tue, als wären sie nicht da.

Sturzflug

Als mein Schwager Bryan während des Golfkriegs nach Saudi-Arabien geschickt wurde, kam meine Schwester Elisabeth samt ihren drei kleinen Kindern zu Besuch. Elisabeth und die Kleinen – der achtjährige Steven, der zweijährige Nicholas und die viermonatige Lindsey – blieben fünf Wochen lang.

Ich brauchte nicht lange für die Erkenntnis, daß eine Kampfausrüstung nicht nur in Arabien, sondern auch in unserem Haus nützlich gewesen wäre. Es war lange her, daß Les und ich eine Horde Kinder ununterbrochen zu spüren bekamen, und wir hatten vergessen, wieviel Energie Kindern zur Verfügung steht. Der Besuch verdeutlichte außerdem Les' und mein Bedürfnis, an einen Altersruhesitz zu denken, und zwar bald!

Elisabeth, ganz die bewußte Mutter, streifte sich Morgen für Morgen ihre Turnschuhe über und ging joggen. Irgendwie mußte sie ja Schritt halten mit den quirligen, kreativen Eskapaden ihrer kleinen Nimmersatts.

Bei meinen Mühen, den unaufhörlichen Herausforderungen die Stirn zu bieten, investierte ich in Babymöbel. Erstens kaufte ich einen kleinen Laufstall, zweitens einen Hochstuhl und schließlich einen Lauflernwagen.

Ich hatte bemerkt, daß Nicholas, der Zweijährige, in seiner vier Monate alten Schwester Lindsey ein schnuckeliges Trampolin sah. Mit dem Lauflernwagen wollte ich ihrem kleinen Körper die blauen Flecken ersparen.

Als ich damit heimkam, wollte ich es unbedingt ausprobieren. Glücklicherweise mußte das Gerät nicht zusammengebaut werden; ich brauchte es nur aufzuklappen und das Kind hineinzustecken. Das kam mir einfach vor. Wie wenig ahnte ich doch, daß ich beobachtet wurde, weil man einen Sabotageakt plante.

In aller Unschuld drehte ich dem Laufwagen den Rücken zu und bückte mich, um Lindsey hochzunehmen. In diesem unbewachten Augenblick ließ Nicholas, der Saboteur, sich in den Wagen fallen. Er zog ihn hoch wie eine Hose und schwirrte in Höchstgeschwindigkeit ab, daß die Rollen sich im Fahrtwind drehten.

Zu meinem Erstaunen und Entsetzen eilte Nicholas auf die Treppe zu. Er verwechselte den Treppenabsatz augenscheinlich mit einer Startbahn und das Lauflerngerät mit einem Düsenjet, weil er direkt vom Absatz in die Luft rannte.

In diesem Moment lernte Nicholas ein naturwissenschaftliches Gesetz kennen: das Gesetz der Schwerkraft. Nick und seine locker sitzende Flugmaschine prallten mehrfach auf die Treppe und kamen dann unten auf dem Zementfußboden zum Halt.

Mein Herz blieb für Sekundenbruchteile stehen. So lange dauerte die Stille. Dann kam Bewegung in meine Beine. Von der Treppe drang trompetendes Geschrei nach oben. Auf dem Weg dorthin sah ich vor meinem geistigen Auge Nicholas als einen Haufen kleiner gebrochener Knochen liegen. Was mir aber begegnete, war ein verärgerter Kunde, der die Stufen emporstapfte und die lautstärksten Beschwerden vorbrachte, die ich je gehört hatte. Offensichtlich wollte Nicholas das Geld für seine fehlerhafte Ausrüstung zurück.

Nicholas hatte nicht die leiseste Prellung und wohl nicht einmal Schmerzen – aber er war fuchsteufelswild, daß sein komischer Apparat nicht fliegen konnte. Ich versuchte ihn zu besänftigen, doch er lechzte nach Rache. Er trat ein paarmal wutentbrannt gegen die Plastikräder und ließ einige Kleinkindflüche los. Ich meine, das Schimpfwort „Lappwanz“ gehört zu haben. Schließlich war es möglich, ihn abzulenken, und Les versteckte das mißbrauchte Gerät.

Ich finde es interessant, daß wir es uns schon in jungen Jahren angewöhnen, die Schuld an Mißgeschicken auf etwas oder jemand anderen zu schieben und dieses Verhalten dann beibehalten. Neulich sah ich einen Erwachsenen, der sich fast genauso wie mein kleiner Neffe verhielt. Sein Wagen hatte einen Platten. Als der Mann ausstieg, trat er als erstes gegen den Reifen und traktierte dann die Motorhaube mit den Fäusten. Glücklicherweise waren meine Fenster zu, und ich konnte die Ausdrücke nicht hören, die er dem Wagen aus seinem reich bestückten Arsenal verlieh.

Die Szene war komisch und traurig zugleich. Da stritt sich ein Erwachsener mit einem unbelebten Objekt und gab ihm völlig sinnlose Tritte. Intelligent, was? Dabei ist er bestimmt nicht der einzige . . .

Einmal kam eine Freundin von mir vorbei und kochte vor

Wut, weil die Bank es gewagt hatte, ihren Scheck als ungedeckt zu bezeichnen. „Hattest du denn Geld auf dem Konto?“ fragte ich.

„Darum geht es doch nicht“, beharrte sie. „Ich bin da schon so lange Kundin, deshalb hätten sie darüber hinwegsehen sollen.“

Statt ihre schlechte Geldplanung und die spontanen Kaufräusche als Problem zu erkennen, zeigte sie mit dem Finger auf das „unfreundliche Geschäftsgebaren“ der Bank.

Meine Freundin mit dem ungedeckten Scheck, der Mann mit dem Platten und mein fliegender Neffe fanden es einfacher, die Schuld auf andere zu schieben, als zu erkennen, daß das eigene Handeln zum Resultat beitrug. Schuld auf andere schieben ist eine ganz normale Verteidigungsmaßnahme. Ich weiß das, weil ich es auch schon gemacht habe. Eigentlich . . .

Neulich war ich für eine Verabredung ein bißchen spät dran. Kurz bevor ich aus dem Haus lief, blieb ich stehen, um die Post abzulegen. Ich bemerkte einen ungeöffneten Brief und hielt mich mit dem Öffnen, Lesen und der raschen schriftlichen Antwort ein paar Augenblicke auf.

Auf dem Weg zum Treffpunkt geriet ich in einen Stau und mußte danach noch an einer Schranke einen Güterzug abwarten, der ungefähr hundert Wagen lang war. Als ich endlich am Ziel war, fühlte ich mich gestreßt und frustriert. Ich hörte mich klagen, daß der Stau und der überlange Zug an meiner Verspätung schuld seien.

Als ich später jedoch darüber nachdachte, mußte ich zugeben, daß ich bei pünktlichem Aufbruch nicht vor der geschlossenen Schranke gestanden und genügend Spielraum gehabt hätte, mich durch den Verkehr zu kämpfen. Dabei wäre ich noch zeitig angekommen, und meine Nerven wären nicht strapaziert worden. Ich stelle fest, daß ich oft selbst an der chaotischen Atmosphäre schuld bin, die mich auf die emotionale Palme bringt.

Beim Schuldabschiebespiel verlieren alle, und keiner gewinnt.

Auf die eigene Art

Joanie war mit magnetisch wirkender Schönheit gesegnet. Oft wurde sie aus purer Bewunderung angestarrt. Sie hatte eine lebhafte Persönlichkeit und genoß den Ruf, ihren eigenen Kopf zu haben. Ihre dynamische Schönheit und Entschlossenheit machte sie ziemlich beliebt.

Jeff war ein erfolgreicher Unternehmer, der in Immobilien investierte. Er kam aus einem kaputten Elternhaus, hatte sich aber einen ganz anderen Lebensstil als seine Familie erarbeitet. Von seinen Freunden und Mitarbeitern wurde er sehr respektiert und gemocht. Als Joanie und Jeff heirateten, hatten alle das Gefühl, sie scien das vollkommene Paar.

Joanie und Jeff hatten alles, bis auf eine Ausnahme. Sie konnten keine Kinder bekommen. Darüber waren beide traurig, besonders aber Joanie, die meinte, sie habe damit Jeff im Stich gelassen. Jeff blieb ihr zugetan, aber sie ging ganz in ihrer Unfruchtbarkeit auf. Oft weinte sie. Die Haushaltshilfe, Karen, versuchte sie zu trösten, wenn sie weinte. Karens freundliche Fürsorge ging Joanie zu Herzen, und die beiden freundeten sich an. Joanie schenkte der anderen ihr ganzes Vertrauen.

Joanie und Karen führten ein sehr unterschiedliches Leben. Karen war viel jünger, lebte recht bescheiden und war noch nicht lange im Land, als sie für ihre reiche Chefin zu arbeiten anfing.

Im Verlauf der Monate nahm Joanies Kinderwunsch überhand. Als sie eines Tages Karen beim Blumenstecken zusah, kam ihr eine Idee. Zuerst war es ein erschreckender Gedanke, aber je mehr sie darüber nachdachte, desto tröstlicher schien er ihr.

Joanie wollte, daß Karen Jeffs Baby austrug. Auf diese Weise hätte Jeff ein Kind, und Joanie brauchte nicht mehr das bohrende Gefühl zu verspüren, versagt zu haben.

Damals war die Technik der künstlichen Befruchtung noch nicht so ausgereift, und Joanie meinte, schon lange genug gewartet zu haben. Außerdem wußte sie, daß Karen und Jeff sie liebten, nicht einander. Was also sollte schiefgehen?

Beide, Karen und Jeff, waren einverstanden. Tatsächlich hatten beide weder Bedenken noch Einwände. Und so kam es, daß Karen mit Jeffs erstem Kind schwanger wurde.

Anfangs war Joanie zufrieden mit ihrer Entscheidung. Dann aber bemerkte sie einen Wandel in Karens Einstellung zu ihr. Erst dachte sie, das sei nur Einbildung. Vielleicht hing es auch mit den Gefühlsschwankungen einer schwangeren Frau zusammen.

Aber mit der Zeit stellte sich etwas anderes heraus. Nicht nur Karens Bauch schwoll an, sondern auch ihr Stolz. Karen fühlte sich ihrer kinderlosen Freundin überlegen.

Joanie war erst niedergeschmettert, dann aber zornentbrannt. In einem Wutanfall warf sie Karen hinaus.

Jeffs, Joanies und Karens Leben war in eine Tragödie gemündet. Angefangen hatte es mit einem vollkommenen Paar; jetzt gab es nur noch Zerstörung und Verzweiflung.

Eigentlich wäre zu dieser Geschichte noch mehr zu sagen, viel mehr. Wenn Sie am Ausgang interessiert sind, schauen Sie doch in ein uraltes Buch, die Bibel (1. Mose 16). Joanie (alias Sara), Jeff (alias Abraham) und Karen (alias Hagar) werden hier in ihrer ganzen Traurigkeit, später dann in ihrer Freude vorgeführt.

Es ist eine Geschichte, die den Leser wegen der menschlichen Fehlentscheidungen traurig stimmt, ihn aber froh macht, wenn Gott mit seiner Gnade eingreift.

Wenn man darüber nachdenkt, kommt einem dieses Trio gar nicht mehr alt vor. Tatsächlich erinnern uns Saras, Hagars und Abrahams Entscheidungen an gewisse Schlagzeilen, die man am Kiosk im Vorübergehen lesen kann. Damit ist wieder einmal bewiesen, daß die Bibel jeder Generation ihren gültigen Rat bietet.

„Es gibt nichts Neues unter der Sonne."

Flug 326

Ich hatte gerade drei Tage anstrengender Lehrtätigkeit in Indiana hinter mir und war auf dem Weg nach Hause, nach Michigan. Als ich im Flughafen auf die Startbahn hinaussah, merkte ich, wie erschöpft ich eigentlich war. Tröstlich aber war der Gedanke, bald zu Hause zu sein.

Wie ich so an meinem Fensterplatz auf meinen Jet wartete, sah ich ein winziges Flugzeug, das aussah wie aus dem Bastelsatz, anrollen und an einem Ausgang halten. Ich sagte mir: *Schau mal, Patsy, es könnte noch schlimmer kommen. Statt nur müde zu sein, hätte man dich auch in dieses sogenannte Flugzeug stecken können.*

Als mir dieser Gedanke in den Sinn kam, hörte ich, wie eine Flughafenhosteß die Ankunft meiner Maschine ankündigte. Ich hob meine Sachen auf und eilte zum Ausgang. Selbst die Handtasche fühlte sich schwer an, als ich mich dort hinschleppte. An meinem mutmaßlichen Ziel angekommen, stellte ich fest, daß ich die einzige war. Ich ging zurück zum Check-In und fragte nach meinem Terminal. Die Dame sagte mir, jemand würde mich nach draußen begleiten.

Verwirrt fragte ich: „Warum muß ich nach draußen gehen?"

„Um ins Flugzeug zu steigen", sagte sie säuerlich.

„Ich verstehe nicht ganz", erwiderte ich und fühlte mich verstandesmäßig ein wenig beschränkt. Ich dachte: *So weit ist es doch noch nicht mit dir gekommen, daß du nicht kapierst, was dieses Mädchen dir erzählt.*

Sie sprach langsam und hoffte bestimmt, daß ich geistig anwesend sein möge. „Ihr Flugzeug ist angekommen", verkündete sie noch einmal und richtete meine Aufmerksamkeit zum Fenster. „Wir lassen Sie von jemandem an Bord bringen."

Mein Blick folgte ihrem ausgestreckten Arm, aber ich konnte mein Flugzeug nicht sehen. Ich dachte, mein Verstand habe mich im Stich gelassen, und folglich sei auch das Sehvermögen gestört. Ich entschloß mich zur Ehrlichkeit. „Ich sehe kein Flugzeug", sagte ich verwirrt.

„Haben Sie nicht Flug 326?" fragte sie.

Ich schaute auf mein Ticket und bestätigte durch ein Nicken mit meinem müden Kopf. Anscheinend tat ich ihr leid, denn sie nahm mich am Arm, ging mit mir ans Fenster und zeigte auf das Flugzeug.

Plötzlich war ich hellwach. Mir war, als hätte ich einen elektrischen Schlag bekommen. Sie deutete mit ihrem unheilverkündenden Finger auf das Spielzeugflugzeug, das ich vorhin entdeckt hatte!

„Nein, ich fliege nur mit einem Düsenflugzeug", schnauzte ich sie an.

„Heute aber nicht", entgegnete sie, immer noch lächelnd.

„Nein, nein, da ist etwas falsch gemacht worden. Ich

fliege nur mit richtigen Flugzeugen." Ich stotterte vor Schreck.

Meine Bemerkung über „richtige" Flugzeuge schien sie persönlich zu nehmen. Sie sagte, ich könne ja gern mit meinem Reisebüro telefonieren. Dann drehte sie sich um und ging zurück zu Schalter und Warteschlange.

Mir wurde ganz übel. Wie war es nur dazu gekommen? Dann hörte ich die Durchsage, daß ein Angestellter uns nach draußen an Bord bringen könne.

Ich wußte nicht, was mir jetzt noch übrigblieb und lief ein paar Geschäftsreisenden zum wartenden Flugzeug hinterher. Der Bibelvers: „Wir sind alle wie Schafe in die Irre gegangen" kam mir in den vernebelten Sinn, als ich den Herren auf den Fersen folgte. Als wir an der Schiebetreppe ankamen, konnte ich aus hinreichender Nähe erkennen, daß dies im wahrsten Sinne des Wortes ein „Flug-Zeug" war, etwas, das offensichtlich eine Handvoll Nachwuchsbastler in ihrer Garage zusammengelötet hatten, während sie sich die Sportschau anguckten.

Ich mußte mich bücken, um einsteigen zu können (und das will schon etwas heißen; schließlich bin ich nur einsfünfzig groß). Dann bahnte ich mir den Weg zum Sitz (eine halbe Armlänge weit). Wegen des begrenzten Raumangebots mußte ich Hand- und Reisetasche auf den Schoß nehmen. Ich spürte, wie die Vibration der Maschine meine Habseligkeiten erzittern ließ. Dann aber merkte ich, daß die Maschine noch gar nicht lief. Was ich fühlte, war mein eigenes rasendes Herzklopfen, das die umklammerten Sachen zum Erbeben brachte.

Ich schaute mich um und stellte fest, daß die Männer an

Bord sich auch nicht so richtig wohl fühlten. Sie sahen aus wie Sumo-Ringer, die man schräg gestellt und in Sitze gestopft hatte, die nicht für sie geschaffen waren. Ihre Knie schienen dem Kinn zu entwachsen.

Das Cockpit war einsehbar. Man hatte den Eindruck, wir Fluggäste könnten uns vorbeugen und das Steuer übernehmen, falls der Pilot in Schwierigkeiten geraten sollte.

Ich äugte gerade aus meinem linsengroßen Fenster, als ein Flughafenarbeiter an den Propeller trat und ihm einen kräftigen Schwung verpaßte. Es machte mir nicht gerade Mut zu wissen, daß dieser Apparat von Hand aufgezogen werden mußte. Dann setzte die Maschine mit ohrenbetäubendem Dröhnen ein.

Statt simpler Vibrationen verspürte ich jetzt ein Schütteln, das mich an diese Gewichtsreduktionsapparate mit Massagegurt erinnerte. Das Flugzeug wackelte auf die Startbahn hinaus und strengte sich ungeheuer an. Wäre ich doch lieber mit einem Taxi nach Hause gefahren! Ich hatte bei dieser stotternden Fortbewegung das deutliche Empfinden, ich sollte gemeinsam mit den Geschäftsreisenden die Beine ausstrecken und mitpaddeln, damit das Ding sich in die Lüfte erhob.

Das war dann doch nicht nötig. Plötzlich platzte ein Schlauch außerhalb des Flugzeugs und spuckte eine Flüssigkeit auf die Fenster. Das Maschinchen wurde langsamer und rollte zurück zum Terminal.

Pilot und Copilot verließen das Flugzeug überraschend schnell. Ihre Flucht beseitigte jede Unklarheit darüber, ob sie vielleicht vorhatten, samt dem Schiff unterzugehen.

Irgendwie hatten auch wir Passagiere keine Lust mehr zu

bleiben, als die Piloten fort waren. Einer der Piloten rannte an die bekleckerte Seite, wischte mit dem Finger über die Flüssigkeit und roch daran. Dann verschwand er.

Der Unternehmer neben mir sah mich an und sagte: „Wär' wohl ganz gut, wenn wir jetzt nicht rauchen würden."

Das reichte mir. Ich wollte raus, und wenn ich mich durch das Guckloch neben mir zwängen mußte. Das brauchte ich aber nicht, weil ein Mechaniker in diesem Augenblick die Tür öffnete und uns bat, möglichst schnell das Flugzeug zu verlassen. Das Wörtchen *schnell* bekam für mich eine ganz neue Bedeutung.

Als wir uns im Terminal versammelt hatten, wurde uns mitgeteilt, es werde eine kurze Verzögerung geben, in der man das Flugzeug repariere. Ich konnte mir gut vorstellen, wie das Flugzeug in die Garage geschoben wurde, damit die Nachwuchsbastler den Schlauch sorgsam mit Pattex oder so etwas wieder ankleben konnten.

Nach etwa einer Viertelstunde wurden wir aufgerufen und zurück zum Blechmodell geführt. Allerdings waren wir diesmal weniger als zuvor, denn einige Männer hatten sich geweigert, das Ding noch einmal zu betreten.

Ich trat den geistlich erhebendsten Flug meines Lebens an, denn ich bat den Herrn mit ungeahnter Inbrunst, mir alles Böse zu vergeben, das ich je gesagt oder getan hatte. Diese Bekenntnisse sollten mich läutern und auf die Begegnung mit Ihm vorbereiten, denn diese, so war mir klar, stand mir jeden Augenblick bevor. Der Flug selbst fühlte sich an wie himmlisches Surfen. Und dann machten wir einen Sturz aus dem Himmel wie mit der Achterbahn und setzten zur Landung an.

Les sagte mir, er habe aus dem Fenster geschaut und auf mein Flugzeug gewartet, als die Blechmühle angehüpft kam. Aus purer Langeweile, sagte er, habe er zugeschaut, wie sich eine Handvoll Leute aus der Luke drängten, bis ich auftauchte. „Mann“, sagte er, „war ich überrascht, dich in so einem Flugzeug zu sehen!“

Als wir zum Gepäckband gingen, hängte ich mich in Les’ Arm ein. Ich war dankbar, wieder auf der Erde bei meinem Mann zu sein, und das mit blitzblankem Herzen.

Interessant, wie aufrüttelnde Ereignisse uns zu mehr Dankbarkeit und neuem Engagement für Familie und Glaubensleben verhelfen. Könnte darin vielleicht ihr eigentlicher Zweck liegen?

Blick auf eine Zunge

Als Janet und ich bei dem einsamen Hüttchen im Wald ankamen, wo wir an einem Manuskript arbeiten wollten, nahm das Bärenfell im Wohnzimmer sofort unsere Aufmerksamkeit gefangen. Es war groß, flauschig und sah kuschelig aus. Aber als wir unseren neuen Freund von vorn betrachteten, wandelte sich unser Urteil. Der schwarze Bär wirkte mit diesem riesigen Kopf und dem drohend offenen, fast noch knurrenden Maul nicht mehr sehr freundlich. Wir strichen „kuschelig“ aus dem Wortschatz unserer Charakteristik.

Janet und ich versuchten uns auszumalen, was dem Bären sein gereiztes Aussehen verliehen haben mochte. Vielleicht hatte jemand sein Lieblingsposter geklaut, oder vielleicht hatte er sich auf einen Bienenstock gesetzt und die Bienen damit aufgestachelt. Schließlich kamen wir zu dem Schluß, daß es sich um ein Weibchen handeln mußte. Man hatte ihre Jungen kritisiert und sie damit auf die Palme gebracht. Die schimmernden Zähne lagen bloß, als habe sie vor Wut gekocht und sei drauf und dran gewesen, ihrem Gegner Arme und Beine auszureißen. Einig waren wir uns jedenfalls, daß die lange, glänzende Zunge der jämmerlichste Teil an diesem Tier war. Würg!

Nach konzentrierter, stundenlanger Arbeit an unserem Projekt war mein Kopf mit Worten wie zugekleistert, und der Verstand setzte taktweise aus. Janet und mir gingen Begeisterung und Sinn für die Arbeit verloren. Das war nicht sehr schön, denn wir hatten noch so viel fertigzuschreiben, bevor wir unsere Arbeit als beendet ansehen konnten.

Die Lücken in meinem Gehirn weiteten sich aus. Ich fing an, mich zu vertippen und die einfachsten Wörter falsch zu schreiben. Es war unübersehbar: Ich brauchte eine Pause.

Ich zog mich vom Computer zurück und wanderte durch das Zimmer, wobei ich sorgsam das furchterregende Raubtierfell auf dem Boden mied. Beim Betrachten schauderte es mich. Ich holte mir ein paar Papiertaschentücher aus der Schachtel und wollte Janet etwas sagen, während ich zum Tisch zurückging. Dabei sah ich sie an, und für Sekundenbruchteile vergaß ich unseren feindlichen Freund am Boden. In diesem unbedachten Augenblick rutschte ich mit dem Fuß in das offene Maul des Bären und stolperte über seinen Kopf. Die Zunge fiel aus dem schrecklichen Maul und glitt an meinem Bein entlang. Ich schrie entsetzt auf. Beim Versuch, das Gleichgewicht zu wahren, stützte ich mich am Kamin ab und zuckte zusammen, als ich wieder mit dem Fuß an die Zunge geriet.

Janet brüllte vor Lachen!

Ich kam vom Anblick des Grizzly los und schaute zu Janet. Da verlor ich den Rest meiner Fassung. Wir lachten und lachten, bis wir kaum mehr Luft holen konnten und sich in unserem Inneren alles drehte wie bei einer schief aufgestellten Waschmaschine im Schleudergang. Über unsere inzwischen fleckigen Gesichter liefen die Tränen. Keuchend drehte ich mich um, weil ich versuchen mußte, meinem Atemsystem Starthilfe zu geben. Als wir uns beruhigt hatten, stellten wir fest, daß der Bär jetzt auf seine eigene Zunge starrte, die ihm zum Hohn einen Meter weiter auf dem Boden lag, was uns einen neuen Lachkrampf bescherte.

Nach dem fast fünfzehnminütigen Heiterkeitsanfall fühlten wir uns großartig! Das Lachen hatte unser Gehirn auf wunderbare Weise durchgespült, uns aufgefrischt und das Gefühl der Eintönigkeit weggeblasen. Janet und ich gingen mit neuem Interesse und kreativen Ideen wieder an die Arbeit.

Lachen hilft Lasten tragen.

Himmlische Fragen

In der Bibel stellt Gott eine Menge Fragen. Das verblüfft mich. Er, der alle Antworten kennt, fragt uns. Haben Sie sich schon gefragt, warum er das eigentlich tut?

Zum Beispiel rief der Herr Adam und Eva zu, als sie gesündigt und sich vor seinem Angesicht versteckt hatten: „Wo seid ihr?"

Immer, wenn ich diese Stelle in der Bibel lese, ist mir nach Petzen zumute: „Sie hocken im Gebüsch und schämen sich!"

Dieses Gebüsch muß wirklich ein erstklassiges Versteck gewesen sein, wenn unser allwissender, alles sehender Gott keine Ahnung hatte, wo sie sein mochten. Sicher war der Garten nicht gerade klein, aber was soll's, uns ist doch klar, daß Gott Bescheid wußte. Warum also die Frage?

Der Herr fragte Eva im Hinblick auf ihren Ungehorsam: „Was hast du getan?"

Sollte man wirklich annehmen, Gott sei in Verlegenheit gewesen? Ich frage mich, warum er ihr nicht einfach ein Polaroid-Sofortbild vor das vom schlechten Gewissen verzerrte Gesicht hielt, auf dem zu sehen war, wie sie und der Feind an einem Obstdessert naschten. Hätte er nicht ein Video abspielen können mit Adam, der die Frucht aus der Hand seiner Frau nahm?

Mir fällt auf, daß Gott seine Fragen nicht auf den Garten Eden beschränkte, sondern in der ganzen Bibel damit fortfährt. Ein seltsames Verhalten eines souveränen Gottes, der uns nicht nur sagen kann, was wir getan haben, sondern dazu noch unsere Gedanken liest. Denken wir an Hagar ...

Hagar war in Nöten. Schon klopfte bei ihr und ihrem jungen Sohn der Tod an, als ein Engel Gottes sie ansprach: „Was ist los mit dir, Hagar?"

War das nicht ziemlich offensichtlich, gerade für einen Durchblicker wie einen Engel? Hagar und Ismael waren nach ihrer Wanderschaft in der glühenden Sonne kaum mehr von Kartoffelchips zu unterscheiden. Das einzig Feuchte waren die Tränen des Jungen, und die verdampften, bevor sie ihm auf die Wange tropfen konnten.

Vielleicht hatte der Engel eine Sonnenbrille auf oder war vorübergehend vom Gegenlicht geblendet. Aber dann passierte etwas noch Seltsameres. Bevor Hagar dem Engel einen Bericht über ihre Qualen abliefern konnte, breitete dieser die Zukunft vor ihr aus, womit er seine eigene Frage beantwortete.

Ich bin schon ganz durcheinander. Warum fragt der Engel erst, wenn er die Antwort sowieso weiß?

Die Geschichte von Elia führt uns nicht weiter. Elia hatte einen glühenden Glauben, bis Isebel ihm die Flamme zu ersticken drohte. Isebel unterbreitete Elia ihre Pläne, ihn auszulöschen. Da fing Elias Glaube an zu flackern; im Gegenzug flammte die Angst auf, und er floh.

Wir erblicken Elia auf seinem Weg in höhere Gefilde, wo er sein Lebensziel neu definieren möchte. Nun wurde er nicht nur vom Feind verfolgt, sondern auch noch von den Fragen Gottes.

„Was machst du hier, Elia?" verhört ihn der Herr. Nicht nur einmal, zweimal fragt er Elia etwas, was er schon längst weiß.

Selbst im Angesicht des Todes stellt Gott Fragen. Wir sehen Hesekiel in einem Todestal zwischen Gebeinen wandern. Die Stimme des Herrn sagt zu Hesekiel etwas, was wohl ein Rat sein soll. Er fragt: „Können diese Knochen lebendig werden?"

Entschuldigung, aber er, der unser Gebein aus dem Erdenstaub bildete und der Menschheit den Lebensodem einblies, sollte nicht sicher sein, ob Knochen lebendig werden könnten? *War das ein Teil Staub auf drei Teile Odem oder drei Teile Staub je Atemzug?*

Wohl kaum, denke ich. Ich bin es, die nachdenklich wird.

Gott hat uns seinen Sohn Jesus gesandt. Die Familienzugehörigkeit wird deutlich, denn auch Jesus war ein Meister darin, Fragen zu stellen, die das Problem auf den Punkt brachten. Wie der Vater, so der Sohn.

Der Herr fragte den hitzigen Petrus: „Wer, sagst du, bin ich?"

Und später durchdrang er Mark und Bein des Petrus mit den Worten: „Hast du mich lieb?" Dann wiederholte er: „Hast du mich lieb?" Zweimal; das kann ich noch verstehen, aber der Herr drang ein drittes Mal in Petrus: „Hast du mich lieb?"

Dieses liebevolle Verhör machte Petrus verlegen. Er antwortete so ähnlich, wie wahrscheinlich auch wir geantwortet hätten: „Herr, du weißt alles; du weißt, daß ich dich liebhabe."

Zwischen den Zeilen höre ich Petrus fragen: „Warum fragst du erst, wenn du mich doch besser kennst als ich mich selbst?"

Wenn wir wirklich glauben, daß der Herr uns kennt, muß uns klar werden, daß diese Fragen ihren Sinn haben. Und der besteht gewiß nicht darin, daß der Herr vergeßlich ist und uns als Gedächtnisstütze braucht. Auch steckt er nicht in der Klemme und bedarf unserer mageren Einsichten. Ich glaube, daß er uns fragt, damit wir nachdenken können – über unsere Entscheidungen, über unsere Verantwortungsbereiche und über unsere Einstellung.

Vielleicht verstehen wir die Weisheit der Fragen, wenn wir sie im Hinblick auf unser eigenes Leben zu beantworten versuchen:

„Wo bist du?"

„Was ist los mit dir?"

„Was machst du hier?"

„Für wen hältst du mich?"

„Hast du mich lieb?"

„Hast du mich lieb?"

„Hast du mich lieb?"

Was sagen Sie dazu?

Riskante Sache

Mein Mann mag es riskant. Meist hat er damit sein Leben bereichert. Hin und wieder aber sitzt er in der Klemme, wenn er es auf die Spitze getrieben hat.

Eines Tages arbeitete Les an einem Auftrag, bei dem er schweißen mußte. Da er keine Zeit verlieren wollte, riskierte er es, keine Schutzbrille aufzusetzen. Er dachte, das spiele keine Rolle, weil die Schweißarbeit nicht kompliziert war. *Oh doch.* Es spielte eine Rolle.

Das Brennen in seinen Augen fing etwa um zehn Uhr abends an, aber er war zum Durchhalten entschlossen. Es steigerte sich gegen elf Uhr zum Reibeisengefühl. Er meinte, das ließe sich ertragen. Etwa um Mitternacht fühlte es sich an, als würden heiße Kohlen seine Augäpfel versengen. Endlich bat er darum, entweder zum Krankenhaus gebracht oder erschossen zu werden, das schnellere von beiden. Ich diskutierte mit ihm und brachte ihn dann ins Krankenhaus.

Wir lebten damals auf dem Lande auf einem Pfadfindergrundstück. Unsere beiden kleinen Söhne schliefen und mußten beide am nächsten Tag zur Schule. Ich fand es am besten, einen Freund anzurufen, der Les zur Klinik bringen sollte. Dabei dachte ich an unseren lieben Freund und Pastor Marv. (Sie ahnen nicht, wie begeistert er über diese Ehre war.)

Les und Marv waren schon jahrelang Freunde. Sie haben beide einen Heidenspaß daran, einander auf die Palme zu bringen. Beide sind verspielte, zu jedem Unsinn aufgelegte Kerle, die aufrichtig umeinander besorgt sind, obwohl ein oberflächlicher Zuschauer glauben könnte, daß zeitweilig die Streiche diese Fürsorge überwiegen.

Marv kam sofort, kümmerte sich um Les und half ihm. Nach der Ankunft im Krankenhaus, als die Augenuntersuchung überstanden war, erfuhr Les, daß er keinen bleibenden Schaden zu befürchten habe. Die Ärzte verabreichten den Augen eine kühlende Salbe, die die Schmerzen sofort linderten. Dann wurden Les die Augen zugeklebt und ein Verband angelegt, der sich um den ganzen Kopf schlang. Les sah aus wie ein Flüchtling aus Tut-Ench-Amuns Grab. Der Arzt wies ihn an, die Binden acht Stunden lang anzubehalten.

Man male sich aus, welch ein gefundenes Fressen das für Marv ergab – Les mit verbundenen Augen und auf Marvs Führung angewiesen. Marv führte Les zum Parkplatz und schickte ihn dort los, das Auto zu suchen. Inzwischen war es ein Uhr nachts. Auf dem Parkplatz standen nur drei Autos. Les fand kein einziges. (Wer kennt noch „Blinde Kuh"? Les hatte als Kind dieses wichtige Spiel wohl nicht hinreichend trainiert. Autokarosserien und Spielkameraden entzogen sich ihm gleichermaßen.) Marv führte Les schließlich zum Auto und brachte ihn nach Hause.

Um zwei Uhr hörte ich durch das Schlafzimmerfenster Gelächter dröhnen. Ich döste gerade vor mich hin und wartete auf das Untersuchungsergebnis. Ich hoffte natürlich das Beste, aber auf Gelächter war ich nicht gefaßt.

Als ich den Vorhang aufzog, sah ich Marv, der Les' Arm festhielt. Marv erzählte Les, wie er die Hindernisse auf seinem Weg umgehen sollte.

Ich hörte Marv sagen: „Da kommt eine Stufe, Les; heb' das Bein an."

Les hob in blindem Gehorsam den Fuß. Aber in Wirklichkeit gab es natürlich keine Stufe, und Les schritt wie ein Storch im Salat den Hof entlang.

Marv und Les lachten schallend, Marv allerdings eine Idee lauter.

Nachdem ich die gute Nachricht über Les' Augen erfahren hatte, fuhr Marv nach Hause. Wir hörten ihn noch den ganzen Weg zum Auto vor sich hin kichern. Les und ich lachten uns in den Schlaf.

Die Erinnerung an diese Nacht hätte für uns buchstäblich ein bleibender Dorn im Auge sein können. Aber dank Marv können wir im Rückblick lächeln statt jammern. Ein wenig Unsinn im richtigen Augenblick kann ein Balsam sein, der länger andauert als der Schmerz, weil damit ein schweres Herz getröstet wird. Natürlich hatte Les später noch die Chance, es Marv heimzuzahlen.

Sonderangebot

„Umziehen? Nicht schon wieder!“ Das war meine erste Reaktion, als Les vorschlug, nach einem neuen Haus zu suchen. Nach dreiundzwanzig Umzügen in dreißig Jahren konnte ich mich kaum an den Gedanken gewöhnen, daß es Zeit wurde, schon wieder die Kurve zu kratzen. Jahrelang hatten wir in Freizeiteinrichtungen gearbeitet, wo wir auf dem Gelände untergebracht waren. Aber Les meinte, wir sollten uns jetzt ein eigenes Haus kaufen.

Der Kauf eines Hauses war ein aufregender, anstrengender und erschreckender Gedanke. Immerhin ging es um das Zuhause, in dem wir zusammen alt werden wollten – äh, *noch* älter. Das hieß, ich sollte mir ziemlich sicher sein, daß ich es gern hatte, weil ich es wahrscheinlich eine ganze Weile darin aushalten mußte.

Ich nahm mir vor, eine Liste mit allen Wünschen aufzustellen. Ich fing an mit einer Haushaltshilfe, einer Köchin und einer Masseuse, aber dann riß ich mich am Riemen, zerriß das Blatt und dachte nochmals realistisch darüber nach.

Die Sache war für uns beide wichtig. Die letzten fünf Jahre hatten wir auf dem Land gewohnt, was in vieler Hinsicht herrlich war, aber auch Nachteile bot. Zum Beispiel war es – wie damals für die ersten Pioniere – eine aufwendige Sache, in die Stadt zu fahren. Das hing vielleicht mit den knietiefen Spurrillen auf unserer Straße zusammen. Die Fahrt schüttelte einen so stark durch, daß die Wangen fröhlich auf- und niederhüpften und beim Aussteigen schlaff herunterhingen wie bei einer Dogge.

Außerdem hatten wir einen hohen Berg direkt vor unserem Haus. Im Winter konnte der Anstieg sehr tückisch sein. Das führte dazu, daß unsere Gäste oft genug abdrehten, bevor sie überhaupt ankamen, weil ihre Autos den eisigen Abhang zurückrutschten. Im Sommer machte uns der Berg zum Ziel für jeden Sturm, der durch unsere Gegend fegte. Die Winde rüttelten an den Fenstern und zerrissen die Stromleitungen, was uns inmitten des Waldes der Finsternis preisgab. Und im Wald ist Finsternis noch finsterer – glauben Sie mir.

Was mich anging, so wollte ich mein nächstes Haus auf einem Berg erst wieder in der Ewigkeit beziehen. Jetzt, in der Erdenzeit, wollte ich lieber bei meinem Mann und in der Ebene bleiben.

Auch wollte ich ein Schlafzimmer und das Bad im Erdgeschoß haben, außerdem sollte auch die Waschküche unten sein. (Für Les sollte der Zugang zur Waschküche ganz einfach sein, falls er den Eindruck bekäme, einmal seine oder meine Sachen waschen zu sollen.)

Als nächstes hätte ich Speisekammer und Geschirrspüler (den ich noch nie besaß) großartig gefunden. Auch ein Kamin würde uns Freude machen. Wir hatten mal einen gehabt, aber das war acht Jahre her. Ich vermißte geradezu die Asche, den Ruß, die Holzspäne, die zündelnden Funken und den Gestank, wenn der Rauchfang verstopft war. Ein Kamin hat etwas sehr Romantisches.

Dann wollte ich noch eine Extra-Dusche, nicht nur eine Badewanne. Fragen Sie mich nicht, warum; so ist es nun mal. Ein Garten mit Bäumen war mir auch wichtig, und ich liebe eine Veranda am Haus. Seit Jahren hatten wir keine Garage mehr gehabt, also kam auch die auf meine Wunschliste. Dann schachtete ich im Geiste einen Keller aus, weil der für Vorräte und als Schutzraum bei Stürmen einfach unersetzlich ist. All das wollte ich, aber bitte im Sonderangebot.

Nun schnappte ich mir meine Wunschliste, und wir fingen an zu suchen. Wir schauten uns alle möglichen Häuser an. Aus dem einen oder anderen Grund schreckten wir immer wieder vor dem Kauf zurück.

Als wir dann Wochen später eine Straße in der Stadt entlangfuhren, fiel mir ein offenbar leerstehendes Haus auf. Les notierte sich die Telefonnummer und rief an. Wir stellten fest, daß dieses Haus zu verkaufen war, aber noch nicht in den Angebotslisten stand. Der Makler machte den Vorschlag, uns in einer Stunde an Ort und Stelle herumzuführen. Das Haus war zwar nicht neu, aber da es von einem umgestürzten Baum eingedrückt worden war, hatte der Makler es komplett renoviert.

Als wir eintraten, leuchtete das Gesicht meines Mannes auf. Für ihn war es Liebe auf den ersten Blick. Ich mochte es auch gern, konnte mich aber mit Sicherheit nicht sofort entscheiden, hier zu wohnen. Nach der Besichtigung war Les drauf und dran, seine Unterschrift zu leisten, während ich mich immer noch zu erinnern versuchte, in welcher Farbe ich eigentlich den Teppichboden haben wollte. Abends leisteten wir eine Anzahlung. Ich fühlte mich wie betäubt.

Am nächsten Tag besichtigten wir Les' Haus noch einmal, um zu sehen, wo wir das nächste Jahrhundert unseres Lebens verbringen würden. Les schritt schon das Grundstück ab, doch ich saß auf dem Boden des Wohnzimmers und starrte ins Leere. Dann dachte ich an meine Wunschliste, die ich in der Handtasche vergraben hatte, als der Fahrtwind unseres Eilkaufes sie wegzupusten drohte. Ich glättete das zerknitterte Stück Papier und fing an, meine Bedingungen durchzugehen.

Schlafzimmer im Erdgeschoß, abgehakt. Zumindest das hatte ich. Eigentlich war es das größte Schlafzimmer unseres Lebens. Die eine Tür öffnete sich zum Badezimmer, was nicht exakt meinen Vorstellungen entsprach, aber anging; also hakte ich auch das ab. Die separate Dusche gehörte auch zum Haus . . . im ersten Stock.

Vorratskammer. Hmm . . . ich schritt sinnend umher. Sie hatte eine Tür mit zwei Flügeln und nur eine Regalreihe. Doch, es war durchaus eine Vorratskammer. Abgehakt.

Hurra, eine Geschirrspülmaschine! Mit Freuden abgehakt.

Waschküche im Erdgeschoß: abgehakt. Sie war natürlich gerade mal groß genug für Waschmaschine und Wäschetrockner. Wäre es nicht nett, Platz für die Schmutzwäsche zu haben, für einen Wäschekorb? Immerhin konnte ich nicht leugnen, daß es ein Raum für die Wäsche war.

Das Haus hatte einen Keller, abgehakt . . . allerdings die

Miniausführung. Mit anderen Worten, wenn Heizkessel und Boiler eingebaut sind, ist er voll.

Die Garage liegt im Hinterhof und bietet Platz für Les' Werkzeug und unser Gerümpel. Kein Platz für ein Auto, aber eine Garage. Abgehakt.

Veranda: abgehakt. Platz für zwei.

Bäume? Zwei Häkchen. Der Hof ist eine Handbreit hoch mit Laub bedeckt.

Kamin: Der Stil ist modern, ich bin mehr für rustikal. Naja. Abgehakt.

Beim Blick auf die Häkchen hinter jedem Posten wurde mir klar, daß der Herr mir alles gab, worum ich gebeten hatte. Es war nur anders als in meiner Vorstellung. Statt dieses Haus als Problem zu sehen, fing ich an, die Möglichkeiten zu entdecken. Und wollen Sie wissen, was geschah? Ich habe mich in dieses wunderbare Haus verliebt.

Ich weiß nicht, wie oft ich vom Herrn bekommen habe, worum ich gebeten hatte, ohne es zu erkennen – ich fürchte, das ist schon häufig vorgekommen.

PS: Unser Haus ist im flachen Gelände und in der Stadt gelegen, und es war ein Sonderangebot!

Eimerweise

Als ich noch klein war, hatte mein großer Bruder Don eine Lieblingsplatte, die er häufig abspielte. Der Sänger hieß Johnnie Ray, das Stück hieß: „The Little White Cloud That Cried“ (etwa: Die kleine weiße Wolke weinte). Immer wieder weinte sich die arme Wolke ihre kleinen Äuglein aus. Wollte man gerade meinen, es sei nicht mehr zu ertragen, wenn sie noch eine Träne ausquetschte, drehte Don die Platte um, und Johnnie sang seinen Hit „Cry“. Wir hätten ein Eimergeschäft haben müssen, um der Tränenflut dieses Schnulzensängers Herr zu werden.

Manche von meinen Lesern kennen vielleicht noch Johnnie Ray aus seinen Fernsehauftritten mit „Cry“. Seine Interpretation wirkte ungemein echt. Dramatisch zog er an seiner Krawatte, knöpfte den Kragen auf, ließ sich auf die Knie sinken, und schließlich lag er auf seinem Gesicht und trommelte mit den Fäusten auf den Boden. Muß man ihn nicht einfach lieben, diesen Mann, der seine Gefühle so zeigen kann?

Gut, gut, vielleicht ist es ein bißchen mehr Gefühl, als

mir recht ist, aber ich frage mich, wie vielen von uns es nicht gut täte, sich einmal richtig auszuheulen.

Einige von uns haben sicher schon „wie ein Fluß geweint" (Songtitel: *Cry Like a River*), andere haben keine Erfahrung mehr mit dieser lebenswichtigen Funktion. Ich erinnere mich an eine Freizeit in Georgia, bei der so manche Gefühlserschütterung stattfand, so daß die meisten Mädchen und Frauen zu Tränen gerührt waren. Darunter aber entdeckte ich eine junge, attraktive Frau, die sich wie ein Roboter verhielt. Sie unterdrückte jede Emotion, ob positiv oder negativ. Ich unterhielt mich mit ihr und sprach sie auf diese Haltung an. Sie gab stoisch bekannt: „Ich weine niemals."

Offensichtlich hätte sie das aber bitter nötig gehabt, was jedoch der Neueröffnung eines Wasserfalls von Niagara-Format gleichgekommen wäre. Der Tränenstrom hätte ganz allmählich nachgelassen und Freiräume für neue Gefühle geschaffen.

Ich gebe zu, daß die Tränenseligkeit auch zu weit in die Gegenrichtung getrieben werden kann. Es gibt nichts Traurigeres als eine heulende Heilige, die ganz mit sich selbst beschäftigt ist und den Tränenstrom als geistlich deutet. Manche nasse Wange ließe sich eher berufsmäßigen Klageweibern zurechnen. Trauer sollte als Vorgang, nicht als Begrüßungsverhalten betrachtet werden.

Ich dachte immer, ich sei besonders sensibel, weil ich so dicht am Wasser gebaut hatte. Dann aber habe ich an mir beobachtet, daß ich so voll von ungeweinten Tränen war, daß zwar die ersten einer traurigen Botschaft galten, die anderen aber mir selbst gewidmet waren. Das Leid der anderen zapfte meine eigenen ungelösten Probleme an.

Eines Abends sah ich einen Film im Fernsehen. Gegen Ende wurde die Hauptdarstellerin von dem Mann, den sie liebte, ganz furchtbar behandelt. Ich fühlte ihr Leid mit und fing an zu weinen. Die Geschichte ging weiter, natürlich auch mein Schluchzen. Es ließ sich einfach nicht beherrschen. Mein Mann kam ins Zimmer, und ich schniefte: „Das Mädchen tut mir ja so leid."

Mit überraschendem Zartgefühl sagte Les: „Liebling, ich glaube, es geht gar nicht um dieses Mädchen."

Das leuchtete mir ein. Mein Damm brach! Diese Worte gaben mir die Sicherheit, meinen eigenen Schmerz empfinden zu dürfen. Mir wurde klar, daß hinter meiner üblichen Reaktion mehr steckte als das Motto: „Traurige Filme bringen mich eben zum Weinen." Das Leid des Mädchens war Auslöser für meine eigenen begrabenen Erinnerungen. Ich verkroch mich und weinte fast eine Stunde lang. Ein großartiges Erlebnis! Nicht so sehr während des Weinens – das hatte mir eigentlich eher Angst gemacht. Aber das befreite Gefühl danach wollte ich nicht missen.

Natürlich können die meisten schmerzlichen Probleme nicht durch eine verweinte Stunde gelöst werden, aber oft wird damit ein guter Anfang gemacht.

Machen Sie einen Versuch: Schreiben Sie auf, wann Sie die letzten drei Male geweint haben. Worüber haben Sie geweint? Um wen?

Vielleicht sind Sie ein Klageweib. Wenn ja, dann her mit den Eimern und zurück ins Leben!

Vielleicht wird es aber höchste Zeit, daß Sie weinen, und Sie warten nur auf die Erlaubnis dazu. Bitte schön, meine haben Sie. Fangen Sie ruhig an . . . Weinen wäscht die Seele frei.

Die Suppe kocht

Es ärgert mich, abgelehnt zu werden. Auf diesem Gebiet bin ich so empfindlich, daß ich es sogar persönlich nehme, wenn bei meiner Annäherung an eine Kreuzung die Ampel auf Rot schaltet.

Gut, ich bin nicht ganz so sensibel, aber ich mag es, gemocht zu werden. Ich bin immer dankbar für die Beifallspender in meinem Leben – Menschen, die mich anfeuern und das Beste von mir denken. Aber bei jedem kommt die Stunde, wo man ihm die Show stiehlt.

Ich rede gern und hatte oft die Ehre, das Rednerpodium mit interessanten Menschen zu teilen. Normalerweise sind wir so mit unseren Vorträgen beschäftigt, daß wir keine Zeit haben, einander kennenzulernen. Wir kommen zu einem Termin, essen, reden, essen, sprechen persönlich mit einigen Zuhörern, essen und gehen dann wieder. (Wir gehen meist mit höherem Lebendgewicht als wir gekommen sind!) Außer mir vor Freude bin ich, wenn ich die Chance habe, mit jemandem zu fachsimpeln, der einen ähnlichen Dienst verrichtet wie ich. Als also eine Bühnengröße nach meinem Vortrag vor großem Publikum mit mir plaudern wollte, war ich glücklich.

Sie gab sich warmherzig und zustimmend und fragte, ob sie mich anderen Gruppen empfehlen dürfe, wenn sie auf Vortragsreise sei. Ich fühlte mich gelobt und war dankbar. Wir unterhielten uns noch eine Weile sehr nett, umarmten uns dann und verabredeten uns für den nächsten Tag vor der Abreise.

Als ich sie am folgenden Tag traf, schien ein Problem in der Luft zu hängen. Ihr Benehmen verriet, was los war.

Sie wurde erst kühl, dann kalt und schließlich eisig. Ich war verwirrt, dann verletzt, und schließlich fühlte ich mich zusammengestaucht. Letzteres Gefühl stellte sich hinterher ein, als ich darüber nachgrübelte, warum ich nicht mehr in ihrer Gnade stand. Später erfuhr ich, daß eine Bekannte am vorigen Abend eine ganze Weile mit ihr über mich gesprochen hatte. Ich nehme an, daß ich ihr nicht gerade schmackhaft gemacht worden bin, denn sie wies plötzlich alle Symptome von Verdauungsstörungen auf.

Je mehr ich über die Ungerechtigkeit dieser Begegnung nachdachte, desto wütender wurde ich. Der Vorfall rührte Erinnerungen an alle unfairen Behandlungen auf, die mir jemals widerfahren waren. Ich brütete und kochte, und das ganze kam zur Explosion, als ich die Geschichte Les erzählte. Er hatte es satt, den Bodensatz meiner Niederlage vorgesetzt zu bekommen. Also stellte ich die Begebenheit auf die kleine Flamme meines Emotionskochers und ließ sie brodeln. Ab und zu hob ich den Deckel und rührte die Suppe um.

Eines Tages aß ich mit Freunden zu Mittag, die mich anhimmelten, bis das Thema „Ungerechte Behandlung" aufkam. Ich lief im Geiste zum Herd und schaute nach dem Topf, und siehe da, die Suppe war immer noch heiß. Als ich aber alle mit „meiner" Ungerechtigkeit bekleckerte, waren sie über meinen Eifer bestürzt.

Schließlich fragte eine Freundin: „Wann ist das passiert?"

Ich mußte erst einmal nachdenken und stellte dabei fest, daß es schon drei Jahre her war! Meine Freunde waren überrascht, daß ich die Feindseligkeit so lange mit mir herumschleppen konnte, denn seit der Begegnung damals hatte ich diese Frau nicht mehr getroffen.

Nach dem Essen dachte ich darüber nach, was meine Freunde gesagt hatten. Ich sah ein, daß ich eine Schnellkochtopfmentalität entwickelt hatte (ohne Druckmesser), indem ich dieses Problem all die Jahre warmhielt. Statt meinen Zorn verrauchen zu lassen, hatte ich viel Zeit damit vertan, ihn immer schön warmzuhalten.

Ungerechtigkeiten bringen es mit sich, daß wir von dem Recht überzeugt sind, uns an unserem Ärger festklammern zu dürfen und ihn gar willkommen zu heißen. Ich bin dabei zu lernen, daß Zorn nicht unbedingt die falsche Reaktion ist . . . erst dann, wenn ich dazu übergehe, ihn zu bewahren und zu nähren. Wenn ich ihn aufbewahre, entzieht er mir Energie und nimmt wertvollen inneren Raum in Beschlag. Vor Wut zu kochen, beschneidet mir das körperliche, geistige und seelische Wohlergehen. Es beeinträchtigt auch die engen Beziehungen zu anderen und zu Gott.

Meist streiten wir lieber unseren Ärger ab oder verteidigen das Recht darauf und bleiben frustriert und mißverstanden im Schlamm unserer eigenen Gefühle stecken.

Mir ist jetzt klar, daß die momentane Ablehnung, die diese Frau mich spüren ließ, nicht so viel Schaden anrichtete wie meine Bereitschaft, den Ärger darüber so lange wachzuhalten. Wenn ich an Menschen denke, über die ich mir eine bestimmte Meinung gebildet oder sie geändert hatte, weil jemand anderer mir etwas von ihnen erzählte, erkenne ich, wie typisch menschlich diese Reaktion ist. Nicht fair oder liebevoll, aber zutiefst menschlich.

Als Les und ich jung verheiratet waren, zogen wir in einen Wohnpark für Campingwagen. Kurz nach unserem Einzug wurde ich vor der unfreundlichen Nachbarin gleich neben uns gewarnt. Es hieß, sie sei eigenbrötlerisch und eingebildet. Wegen dieser Einschätzung brauchte ich eine Weile, bis ich mich auf Kontakte mir ihr einließ. Es stellte sich heraus, daß sie schüchtern und sehr lieb war. Wir beide erfreuten uns einer engen Freundschaft, die mir beinahe entgangen wäre, weil jemand anderer mir sein verkümmertes Bild dieser Nachbarin aufgedrängt hatte.

Als damals vor Jahren die Rednerin und ich unser seltsames Treffen am zweiten Tag hatten, fühlte ich mich von ihrer veränderten Einstellung verletzt, was ein ganz angemessenes Gefühl ist, wenn man abgelehnt wird. Zu schnell aber legte ich den Deckel auf die Verletzung und entzündete die Flamme meines Ärgers.

Die Ablehnung war mir zu kalt; der Ärger hatte wenigstens den Vorteil selbstgemachter Hitze. Aber ich muß dieser eigenen Hitze zu nahe gestanden haben, denn die Gefühle wurden dabei angesengt. Langsam lerne ich, meine Verletzungen dem Heiler zu bringen, bevor ich sie unter ungerechtem „gerechtem Zorn“ verstecke.

Aufgeheizt!

Beherzt sein: das ist die Eigenschaft, in kritischen Umständen Mut zu beweisen oder energisch und einfallsreich zu reagieren.

Elia war beherzt. Schließlich hat er Ahabs und Isebels neunmalkluge Priester herausgefordert, sich zu stellen oder den Mund zu halten. Nach Elias Spielregeln sollte dem Gewinner alles gehören.

Man gestatte mir, die Szene etwas auszumalen (wer es ganz genau liebt, lese 1. Könige 18 und 19). Der böse Ahab, König von Israel, war über Elia verstimmt, weil der eine Dürre im ganzen Lande prophezeite und dann verschwand. Ahab hatte das Königreich drei ausgedörrte Jahre lang nach diesem Unruhestifter durchsucht. Schließlich sandte Elia einen Boten zu Ahab, damit die Sache ausgetragen würde.

Als sie sich begegneten, fing die Rechthaberei schon an. Beide beschuldigten einander, an Israels Problemen schuld zu sein. Das war kein durchschnittlicher Zank, wessen Papa nun stärker sei. Nein, hier ging es um mehr.

Denn auf dem Gipfel des Streits rückte Elia mit der göttlichen Machtprobe heraus. Er lud Ahabs Besserwisser zu einer gemeinsamen Grillparty ein und schlug ein Wettkochen vor. Hier der Plan: achthundertfünfzig Neunmalkluge gegen einen Propheten, der Feuer und Schwefel predigte. Man stelle sich die Gewinnausschüttung bei dieser Außenseiterwette vor, wenn Elia es schaffen sollte!

Wo wir vom Wetten reden: das Volk hielt das Ganze für eine tolle Idee. (Ich persönlich hätte nicht gegen den Typ gesetzt, der eine Dürre so präzise vorausgesagt hatte, aber vielleicht bin ich da etwas komisch.)

Nach den Spielregeln sollten die Besserwisser einen Ochsen zubereiten, ihn auf den Altar legen und ihre eigenen Götter bitten, ihn mit Feuer zu verzehren. Elia wollte das gleiche tun und seinen Gott bitten, Feuer vom Himmel fallen zu lassen. Wer als erster einen Hauch von angebranntem Ochsen (würg!) von seinem Grill riechen würde, hatte gewonnen.

Die Propheten von Baal und Aschera hüpften um den Altar (nicht unähnlich einem Ringelreihen) und versuchten, einen Funken Begeisterung bei ihren Göttern zu entzünden. Als sie allmählich müde wurden, verspottete sie der beherzte Prophet Elia.

Das ließ den Eifer frisch aufbrausen (nicht jeder versteht eben Spaß), und mit neuer Kraft wurden die Götter um Aufmerksamkeit ersucht. Sie taten ihr Bestes – doch die Antwort blieb ein großes Schweigen.

Elia war jetzt aufgeheizt. Er stellte Steine aufeinander, betete und sah dann zu, wie die Kraft Gottes den Ochsen verzehrte und alles Drumherum, sogar den Staub. (Haben Sie eigentlich schon einmal ausprobiert, wie schwierig es ist,

Erde zu verbrennen?) Die sengenden Flammen verzehrten sogar das Wasser und leckten alles knochentrocken.

Die Wettchancen? Inzwischen sah es anders aus. Die „Grillparty“ wurde zur Evangelisationsveranstaltung, obwohl nicht einmal alle dreizehn Strophen irgendeiner beliebten Hymne abgesungen wurden. Die Leute warfen sich zu Boden und gelobten dem einen wahren Gott ihre Anerkennung.

Elias Grillparty war ein durchschlagender Erfolg. Das heißt, bis ...

Die Nachricht drang über Ahab zu den Ohren der Königin. Es wäre eine krasse Untertreibung, wenn man sagen würde, sie sei nicht sehr glücklich gewesen, das große Ereignis des Jahres verpaßt zu haben. Sie übermittelte Elia ihre kochendheißen Grüße und verdeutlichte ihre Empörung, worauf dieser die Beine in die Hand nahm und sich hinter die sieben Berge begab.

Wie bitte? Was war los mit dem beherzten Energiebündel, das es mit einem ganzen Stall von Götzenpropheten aufgenommen hatte? Eine einzige boshafte Frau konnte doch wohl kaum den Mut des feurigen Propheten abwürgen? Oder doch? Zeigte sich hier wieder einmal, daß man eine Frau nicht unterschätzen darf? Das war es nicht. Sieht eher nach einem Stimmungstief aus. Das kommt vor nach großen Ereignissen.

Unser verblaßter Held findet sich auf Knien unter einem Wacholderbusch wieder und jammert die bekannte Melodie in „Ich“-Moll. Er jammert so lange, bis er erschöpft ist und sofort einschläft.

Was dann folgt, lese ich immer wieder gern. Wir sehen einen launischen Mann, verstrickt in Selbstmitleid und Angst, dazu noch in der falschen Richtung unterwegs, und der Herr schickt ihm Beistand und versorgt ihn. Ein Engel weckt ihn auf und bietet ihm einen Kuchen an. (Toll, Engelskuchen! Der muß unglaublich schmecken.)

Elia, ein Mann, schwach nach dem Bilde meiner eigenen Schwachheit, aß und schlief wieder ein. Doch der Herr, der großmütige Geber der zweiten Chancen, weckte unseren Freund nochmals, nährte ihn und erlaubte ihm, die Reise fortzusetzen. Das Rezept des himmlischen Gastgebers war so nahrhaft, daß Elia vierzig Tage davon zehrte. (So ein Rezept hätte ich auch gern, obwohl ich schon so manches Essen gekocht habe, das sich meine Familie die nächsten vierzig Tage gewiß nicht noch einmal erhoffte. Ob das wohl auch zählt?)

Selbst nach der zweiten Chance ließen Elias Ängste nicht nach. Statt sich auf den Rückweg zu machen, machte er sich davon. Alsbald versteckte er sich am Hang eines Gebirges. Er zog sich, emotional gesehen, in sein Schneckenhaus zurück. (Vielleicht hatte er Platzangst?) Er vertraute auf die Felsenfestung statt auf den festen Felsen, der uns verheißen ist.

Und wieder ging Gott dem Verlorenen, Einsamen, Verwirrten, Ängstlichen, Betrogenen nach. Mit sanfter Stimme flüsterte er unserem Freund auf der Flucht liebevolle Weisung zu. Elia hörte hin, kehrte um und ging im großen Finale als Sieger zum Herrn ein.

Mit den vielen Stärken des Elia kann ich mich nicht schmücken, obwohl ich immerhin schon einmal ein Geschirrtuch angebrannt habe, als ich Lammkoteletts braten wollte. Worin ich mich mit ihm verbunden fühle, sind seine Schwächen. Er erinnert mich daran, wie anfällig unser Gefühlsleben für die Bedrohungen des Feindes ist, besonders nach geistlichen Eroberungen.

Mir sind die schlimmsten persönlichen Schnitzer unterlaufen, kurz nachdem ich meine schönsten geistlichen Fortschritte gemacht hatte. Was mich angeht, so glaube ich, daß der Stolz sich in dieser Situation vor mir breitmachte und ich darüber stolperte. Aber ich bin überzeugt, daß wir mehr als nur Glück im Leben brauchen. Wir brauchen auch einen beherzten Geist. Und ich kenne nur eine zuverlässige Quelle für diesen Charakterzug.

Blumenstrauß

Ich liebe es, beschenkt zu werden. Glücklicherweise bin ich mit einem Mann verheiratet, den es geradezu beschwingt, mir Überraschungen zu kaufen. Außerdem ist er berühmt dafür, mich ganz spontan ins Einkaufszentrum zu entführen, wo ich mich völlig neu einkleiden kann. Es kommt bei uns nicht selten vor, daß wir in ein Bekleidungsgeschäft gehen und Les mir mehr kaufen will, als ich eigentlich möchte. Das läßt die Verkäuferinnen ziemlich aufhorchen, denn so ein Verhalten ist unter Männern nicht gerade üblich. Alle wollen wissen, wie ich Les so gut dressiert habe. Leider kann ich mich dessen nicht rühmen, er hat einfach eine gebefreudige Art.

Ich erinnere mich gut an unseren neunzehnten Hochzeitstag, als Les mir ein witziges kleines Gedicht schrieb, das ich immer noch gern mag.

Rosen sind rot, Veilchen sind blau
Wenn ich's noch mal tun könnt'
nähm ich Dich wieder zur Frau!

Das Gedicht war mir besonders lieb und wert, weil Les und ich geheiratet hatten, als ich erst siebzehn und er achtzehn Jahre alt war und wir so manches anstrengende Jahr hinter uns hatten (finanziell, körperlich und seelisch), darunter die schlimme Zeit, als ich an diesen schrecklichen Ängsten litt. Hin und wieder hatte ich mich gefragt, ob er seine Entscheidung wohl bereute. Wenn auch das Gedicht nicht gerade originell anfängt, hört es für mich doch als Meisterstück auf.

In all den Jahren (inzwischen dreißig) hat Les mir immer wieder Geschenke gemacht, die mich zum Lachen, Weinen, Luftanhalten oder sogar zum Lernen gebracht haben.

Eines sonnigen Frühlingstages kam Les ins Haus gesprungen und hielt zwei allerliebste rosafarbene Rosenknospen für mich in der Hand. Ich war natürlich entzückt.

Zu den Blumen hatte er ein Tütchen mit Pulver mitgebracht, das die Blühzeit verlängern sollte; ich mischte es mit ins Wasser. Beide Rosen bekamen einen frischen Anschnitt und wurden in eine der vielen Vasen gesteckt, die Les mir ständig als Liebeswerbung geschenkt hatte. Ich stellte mein Minibouquet ins Wohnzimmer und hielt es sorgsam vor direkter Sonneneinstrahlung geschützt, wobei es aber doch so günstig stand, daß ich mich daran erfreuen konnte.

Im Verlauf der Tage staunte ich, wie die Rosen sich entwickelten. Meine scheinbar identischen Rosen reagierten sehr unterschiedlich auf ihre Umgebung. Die eine öffnete sich ganz langsam und sah in jedem Stadium der Entfaltung makellos aus. Ihre aufblühende Erscheinung machte mir viel Freude und verlieh dem Zimmer Schönheit und

Zauber. Schließlich ließ die rosa Schönheit die Blätter fallen und gab eine atemberaubende Abschiedsvorstellung.

Im Gegensatz dazu blieb die andere Rose von Anfang an so, wie sie war. Sie hielt sich hartnäckig an ihre Ausgangsgestalt. Am Ende wurde die verschlossene Knospe braun und hing wie eine traurige Träne über dem Vasenrand.

Tagelang dachte ich über die gegensätzlichen Erscheinungen nach. Ich fand Rosenknospen immer so liebenswert romantisch. Und doch hatte es etwas Trauriges und Unnatürliches, eine Blume bis zum Ende unverändert zu sehen. Die Knospe, die sich nicht öffnete, konnte ihre Möglichkeiten nicht entfalten. Nie gab sie den süßen Duft frei, den sie doch besaß, um ihn für andere zu verströmen. Ihr Tod kündete von verpaßten Chancen und Traurigkeit.

Ich konnte bei der offenen Rose sogar den Verlust noch feiern, weil ich wußte, daß sie alles erreicht hatte, wozu sie geschaffen war. Ihr Duft schwebte noch im Raum, als die Vase schon längst weggestellt worden war.

Meine Freundin Nella kam einer Blume gleich, im wahrsten Sinne des Wortes. Als sie erfuhr, daß sie nur noch kurze Zeit zu leben habe und ihre Krankheit zu den schmerzhaftesten Krebsformen gehöre, breitete sie ihre Blütenblätter ganz aus und verströmte den wunderbaren Duft des Glaubens, statt sich zu verschließen. Wir hätten ihr keineswegs einen Vorwurf gemacht, wenn sie sich als Knospe zurückgezogen hätte und ganz für sich mit ihren Schmerzen gestorben wäre.

Aber Nella sah in dieser Krankheit ihre Abschiedsvorstellung, eine Chance, die Absichten Gottes mit ihr so lange zu erfüllen, wie sie zu leben hatte. Nella lebte ihre gezählten Tage mit unbeschreiblicher Anmut. Als das letzte Blütenblatt fiel, waren ihre Abschiedsworte: „Preist den Herrn." Dann schloß sie die Augen und ging von uns.

Ihre Familie und die Freunde konnten beides feiern, Leben und Heimgang. Während ich diese Worte schreibe, sind es elf Jahre, seit sie gegangen ist . . . und der Duft ist immer noch da.

Weil es in meiner Familie viele Krebsfälle gab, frage ich mich manchmal, wie ich wohl damit umgehen würde, wenn mir die Diagnose dieser gefürchteten Krankheit gestellt würde. Ich bin nicht so tapfer . . . außer in meiner Phantasie. Da bin ich mutig, edel und standhaft. In der Wirklichkeit fange ich schon an zu jammern, wenn ich mich nur erkältet habe.

Vor drei Jahren mußte ich erleben, wie meine dreiundsiebzigjährige Mutter wegen Brustkrebs operiert wurde. Sie nahm Diagnose, Operation und Bestrahlung nicht nur mutig, sondern auch mit Geduld und Humor hin. Das machte mir Hoffnung.

Ich möchte, egal in welcher Umgebung, weiter wachsen und eine wohltuende Atmosphäre verbreiten. Ich möchte nicht verschlossen und emotional unfähig sein, mich für andere zu öffnen. Ich möchte nicht so sterben, daß ich für mich behalten habe, was ich anderen hätte geben sollen.

Die Rosen, die Les mir geschenkt hatte und die in den Buchseiten meiner Erinnerung gepreßt sind, hinterlassen mir eine klare Botschaft: Offenheit ist ein Risiko, Wachstum die Belohnung dafür, und seine Gnade macht beides möglich.

Feiertagsschaukel

Ich liebe Feiertage!

Ich hasse die Feiertage!

Ich bin ein Weihnachtswiderspruch in sich. Ich könnte platzen vor Begeisterung und dann heulen vor Enttäuschung. Ich bin im Hoch der Vorfreude und dann im Tal der Depression. Ich bin ganz oben, wenn . . . gut, ich glaube, Sie wissen Bescheid. Feiertagsmäßig ist mein Platz auf der Wippe. Mein Wipp-Partner ist mein eigenes Feiertagsklischee.

Ist Ihnen schon mal bei diesen Winterweihnachtsbildern aufgefallen, daß die Kühe selbst bei strengem Frost zufrieden aussehen? Bereitwillig posieren sie am Kleinholz für den Kamin, das säuberlich aufgestapelt am Haus steht. Der solide Hausvater grinst zufrieden, und der Junior wird gezeigt, wie er freudestrahlend hinausflitzt, um dem lieben Mütterchen Feuerholz für den Herd zu besorgen.

Eine Kuh habe ich nicht, aber einen Hund. Pumpkin weigert sich, vor die Tür zu gehen, wenn es naßkalt ist. Sie hat eine Aversion gegen nasse Füße. Tagelang bleibt sie mit gekreuzten Pfoten hocken und wartet auf Sonne oder Wind, auf daß der Boden trocken werde. Keineswegs würde sie freiwillig an einem nassen Holzstapel posieren.

Natürlich wäre das sowieso schwierig, weil wir gar kein Holz haben – es sei denn, ich würde fünf Meilen bis zum Wald wandern und ein paar Äste zusamenklauben. Na ja, unser Kamin bleibt auf diese Weise sauberer.

Dann versuche ich mir vorzustellen, wie unser Junior fröhlich nach draußen flitzt, um bei rauhem Wetter eine Arbeit zu erledigen. Ha! Junior leidet am gleichen Gebrechen wie Pumpkin.

Bei aller Liebe, ich kann mir *meine* Familie als Vorlage für solche Bildchen nicht vorstellen.

Ich weiß nicht, warum ich von einer Weihnachtszeit zur andern immer wieder vergesse, daß diese Idylle ein unerreichbares Ideal bleibt. Jedesmal trachte ich danach, mein Haus bildschön herzurichten. Ha! Schon in weniger feierlichen Zeiten schaffe ich das nicht, und schon gar nicht in einem Monat mit so vielen zusätzlichen Aufgaben.

Ich stelle mir in meinen Tagträumen weiße Birkenkloben (von mir selbst im Hinterhof zugesägt) in einem (von mir entworfenen) handgeflochtenen Korb vor, die urig neben dem Kamin stehen. Das flammende Feuer wirkt einladend und wärmt unsere Gäste im Speisezimmer, dessen Tisch von (selbstgezogenen) Kerzen erleuchtet ist. Ich serviere ein Gourmetmenü für dreißig Personen. Mir auf den Füßen folgen gemessen schreitende Musikanten, die Händels Messias vortragen. All das findet in unserem winzigen Speisezimmer statt.

Bei so unrealistischen Zielen läuft natürlich alles auf kellertiefe Frustration und bloßliegende Nerven hinaus. Ich ertappe mich bei panischem Gehetze in letzter Minute und versuche dauernd, mich gleichzeitig zu entschuldigen, zu verkriechen und alle unvollendeten Basteleien zu verstecken.

In einem Jahr wollten wir mit Lichterketten „Noel“ (französisch für Weihnachten) auf unser Hausdach schreiben. Wir fingen ein wenig spät damit an und schafften wegen des schlechten Wetters nur die Hälfte. Deshalb blinkte auf unserem Dach nur ein vielfarbiges NO („Nein“). In dem Jahr hatten wir weniger Gäste als sonst.

Meistens warte ich zu lange mit den letzten Einkäufen und leide dann unter meinen von Weihnachtsverkehr, Menschenmengen und Kassenschlangen zerfaserten Nerven. Selten wird der Charakter eines Menschen durch Streß veredelt.

Außerdem geraten mir die Einkäufe in der Regel zu impulsiv, wenn ich spät dran bin. Ich leide unter chronischem Sonderangebotsfieber und versuche, alle günstigen Weihnachtsrabatte auszunutzen. Es sind zu viele Einkäufe vor Ladenschluß, die ich mir in die Tasche lade . . . und dann ist sie voller Quittungen. Die Quittungen türmen sich in meiner Seele, und ich habe das Gefühl mich völlig verausgabt zu haben.

Dann hole ich mir im Feiertagsrausch auch noch einen Virus. Nein, nicht die Grippe; es ist der Nächstenliebefimmel. Ich gerate in das fatale Denken, daß alle Welt uns besuchen kommen muß. Mal tief durchgeatmet! Wie unrealistisch zu glauben, daß Verwandte und Freunde, von denen sich manche überhaupt nicht ausstehen können, plötzlich zu Weihnachten die besten Kumpels werden! Ich fange an zu begreifen, daß es manche Leute gibt, bei denen Frohsinn strikt auf

Gartenpartys begrenzt ist und nichts mit einem fröhlichen Herzen zu tun hat.

Noch etwas: ich möchte, daß jeder meine Geschenke so gut findet wie ich, wenn ich sie aussuche. Ich bin sehr auf Beifall und Beliebtheit aus. Das schafft Probleme. Ich lebe mit drei Männern (Ehemann und zwei Söhne) zusammen, und die haben Beifall nur für Albernheiten aus der Sportschau übrig, wie Tore in letzter Minute oder Weltrekorde. Natürlich auch für mein Essen, wenn sie erraten können, was es sein soll.

Von meinen Geschenken sind sie nicht so begeistert – das gilt für die schicken Manschettenknöpfe genauso wie für die monogrammbestickten Socken oder die knallroten langen Unterhosen, die ich ihnen eingepackt hatte. Ich sehe ja ein, meine Geschenke sind ... äh ... charakteristisch. Ich möchte eben, daß man sich an sie erinnert. Und das geben meine Jungs auch zu.

Ja, und dies war mein Weihnachtsbekenntnis. Vielleicht können manche von Ihnen sich teilweise, vielleicht sogar gänzlich in meinem Feiertagsschaukelgefühl wiedererkennen. Begleiten Sie mich doch in ein Weihnachten ohne Hin und Her der Gefühle. Hier ein paar Vorschläge:

1. *Achten Sie auf realistische Ziele.* Planen sie lieber weniger und schaffen dann mehr, statt nie das Ideal zu erreichen und die Feiertage jedesmal mit einer Enttäuschung abzuschließen.

2. *Kaufen Sie rechtzeitig ein, und besorgen Sie ein paar allgemeine Notgeschenke.* (Eine Schachtel gute Pralinen gefällt den meisten Leuten besser als knallrote Unterwäsche.)

3. *Legen Sie vor dem Einkauf einen vernünftigen Etat fest,*

um nicht zum Opfer ausgeklügelter Verkaufsstrategien zu werden (wozu Weihnachtsstimmungsmusik gehört, die unsere nostalgischen Gefühle weckt; dazu kommt die Verführung durch Sonderangebote und Plastiksprengstoff in Form von Kreditkarten).

4. *Säen Sie den Samen guten Willens, erwarten Sie aber nicht, daß jeder Muffel in Ihrer Weihnachtsrunde Ihnen die Mühe vergilt* ... oder Sie gar deshalb lieber mag. Verausgaben Sie Ihre Gefühle nicht in der Erwartung, daß selbst Liebesunfähige liebevoll reagieren. (Die Erfahrungen aus der bisherigen Zeit sind ein guter Gradmesser für diese Fähigkeit.)

5. *Gönnen Sie sich etwas Stille.* Gleichen Sie die Geschäftigkeit mit Augenblicken der Ruhe aus. Lassen Sie nicht zu, daß die hektischen Lichter von draußen Sie vom inneren Licht seiner Gegenwart ablenken. Selbst eine kurze, tägliche Zeit der Stille hilft Ihnen, mehr Ordnung in Gefühle und Tagesablauf zu bringen.

Setzen Sie sich Ziele, kaufen Sie rechtzeitig ein,
legen Sie einen Einkaufsetat fest,
säen Sie guten Willen
und vergessen Sie nicht,
EINFACH ZU FEIERN

Und so könnte man das Fest einfacher gestalten:

Machen Sie einen „Adler" im Schnee, trinken Sie einen Glühwein, schreiben Sie einem alten Freund, bauen Sie einen Schneemann, singen Sie mit Ihren Nachbarn Weihnachtslieder, füttern Sie die Vögel, machen Sie Bratäpfel, gehen Sie ins Kino, schreiben Sie ein Gedicht, backen Sie Plätzchen, trinken Sie mit Freunden Tee, rahmen Sie ein altes Foto ein, umarmen Sie ein Kind, umarmen Sie auch einen alten Menschen, lesen Sie die Weihnachtsgeschichte laut vor und singen Sie für Jesus „Happy Birthday".

Pfui!

„Kommt, hört zu", das ist Musik in meinen Ohren. Ich liebe die guten alten ländlichen Feste, wo jeder mitklatscht, wo das Banjo gezupft und die Mundharmonika gespielt wird.

Als ich noch klein war, sind wir als Familie jeden Sommer gen Süden nach Kentucky gereist, um ein Weilchen Ferien auf dem Land zu machen.

Am liebsten habe ich bei Tante Pearl Urlaub gemacht. Sie war füllig und lustig. Die Besuche bei ihr waren unvergeßlich.

Besonders gern erinnere ich mich an den einen Besuch bei Tante Pearl, als ich ganz allein bei ihr war. Sonst war immer eins von ihren vier Kindern zu Hause, diesmal aber nicht. Obwohl ich schon ein Teenager war, wollte ich nicht allein schlafen. Sie lebte auf einer Farm, und ich als Stadtpflanze war nicht an das weite, dunkle Land gewöhnt.

Tante Pearl war eine Vollbluthausfrau und wußte, was ihre Besucher brauchten. Ich durfte direkt bei ihr im Bett schlafen.

Eines Abends – wir hatten einander gerade gute Nacht gesagt, ich lauschte den nächtlichen Geräuschen draußen und wollte schon eindösen – ließ ein Geräusch im Haus mich aufhorchen.

Es klang so, als ob jemand oder etwas hektisch an der Wand kratzte.

„Tante Pearl“, flüsterte ich.

„Was?“ brummte sie aus dem Halbschlaf heraus.

„Was ist das für ein Geräusch?“ fragte ich ängstlich.

„Weiß nicht“, nuschelte sie.

Ich merkte, daß sie gleich tief schlummern würde, aber ich mußte doch wissen, was das für ein fürchterliches Kratzen war. Also schüttelte ich ihr sanft den Arm und rief: „Tante Pearl, Tante Pearl, hör doch!“

Sie kam zu sich, hob den Kopf mit noch geschlossenen Augen und lauschte. Dann stellte sie aus langjähriger Erfahrung fest: „Schon gut. Das ist nur ’ne Maus, die in den Mülleimer gefallen ist.“

Nur eine Maus! Nur! Sie hätte ebensogut sagen können: „Schon gut, ist nur ein Ungeheuer.“ Ich hasse Mäuse. Mehr noch, ich fürchte und hasse sie! Ich war wie versteinert.

Zu meinem großen Erstaunen und Erschrecken legte meine Tante den Kopf wieder auf das Kissen, statt aufzustehen und den Notruf zu wählen.

„Tante Pearl, willst du nichts dagegen machen?“ fragte ich.

„Was erwartest du denn von mir?“

„Ich weiß nicht. Vielleicht jemand anrufen?“

Sie lachte, stand auf und ging in die Küche. Ich hörte sie

umherschlurfen, und das Kratzen hörte plötzlich auf. Minuten später stieg sie wieder ins Bett.

„Was hast du denn gemacht?" wollte ich wissen.

„Ach, nur die Tür aufgemacht und sie in die Nacht rausgelassen. Schlaf jetzt ein."

„Gut", erwiderte ich und konnte mir gar nicht vorstellen, daß jemand so mutig sein konnte, sich freiwillig einem Monster in Mäusegestalt zu nähern.

Schon Augenblicke später fing meine Tante an zu schnarchen. Doch inmitten der längeren und kürzeren Schnarchgeräusche vernahm ich wieder etwas. Es klang wie ein hektisches Kratzgeräusch.

„Tante Pearl, Tante Pearl, wach' bitte auf", flehte ich.

„Was'n jetzt?" sagte sie halb betäubt.

„Hast du die Tür zugemacht, bevor du ins Bett gekommen bist? Ich glaub', die Maus ist wieder da."

„Schlaf nur ein. Die Maus stört dich nicht."

Ich lauschte Mausis Versuchen, dem Gefängnis zu entfliehen. Dann sagte ich zu Tante Pearl: „Das stimmt nicht. Die Maus stört mich doch ganz schön."

Sie hob ihre Beine aus dem Bett, griff nach einem Hausschuh und ging hinaus. Eine ganze Minute verstrich. Dann hörte ich ein paar dumpfe Schläge, gefolgt von Stille. Meine Tante kam ins Zimmer geeilt, ließ den Hausschuh vor dem Bett fallen und stieg ins Bett.

Mit großen Augen fragte ich: „Was hast du gemacht?"

„Hab' sie totgeschlagen", erwiderte sie ruhig.

„Totgeschlagen!" Ich zuckte zusammen. „Womit?"

„Mit meinem Hausschuh", tat sie kund und rollte sich auf die andere Seite.

Jetzt war mir schlecht geworden. Die Maus sollte doch nur exiliert, nicht exekutiert werden. Mir war der Gedanke schier unerträglich, daß ich im gleichen Zimmer schlafen mußte wie der wahrscheinlich mit Mäusebestandteilen beschmutzte Pantoffel. Wie gern wäre ich nach Hause gefahren!

Während ich mir überlegte, wie ich meiner Tante beibringen sollte, daß ich sofort nach Hause mußte, hörte ich ein inzwischen vertrautes Geräusch. Ob diese Maus wie eine Katze neun Leben hatte? Sie scharrte in der Mülltüte umher und versuchte anscheinend hinauszuspringen, denn immer wieder hörte man sie herunterfallen.

Diesmal mußte ich mich nicht melden. Meine Tante marschierte von alleine los, fest entschlossen, mit meinen Ängsten aufzuräumen, um endlich schlafen zu können. Ich hörte die Hintertür zuklappen und dann ihre Schritte, die schnurstracks aufs Bett zukamen.

Als sie den Kopf auf ihr Kissen sinken ließ, verkündete sie: „Die Mülltüte, der Hausschuh und die Maus sind draußen, die Tür ist zu und abgeschlossen. Gute Nacht."

Ich rückte näher an sie heran und schlief fest ein.

Heute habe ich immer noch als Ungeheuer verkleidete Ängste. Nachts werden diese Ängste oft größer. Dann liege ich wach und höre sie heftig stampfend im Haus umhergeistern. Manchmal jammere ich, inzwischen aber weine ich mich bei Gott aus. Immer wieder habe ich gemerkt, wie treu er auf mich eingeht, und je näher ich an ihn heranrücke, desto sicherer fühle ich mich, und desto besser kann ich schlafen.

Dynamit

Eines Abends nach dem Essen wandte sich meine Freundin mir zu, sah mich intensiv an und bemerkte freundlich: „Weißt du, was ich sehe, wenn ich dir in die Augen schaue?"

„Tiefes Blau?" witzelte ich.

„Zorn", antwortete sie.

„Zorn!" Wutentbrannt fuhr ich auf. „Zorn! Doch nicht bei mir! Vielleicht kannst du Angst entdecken, aber niemals Zorn."

Auf dem Nachhauseweg kam ich mir richtig heruntergeputzt vor. Ich stapfte durchs Haus und machte mir lautstark Luft: „Wofür hält die sich eigentlich!"

In diesem Augenblick merkte ich, daß ich mit geballten Fäusten in der Luft herumfuchtelte. Ich blieb wie gebannt stehen und starrte auf meine Hände. Ich machte die Fäuste auf und sah die tiefen Abdrücke der Fingernägel in meiner Hand. Dann fragte ich laut: „So wütend bin ich also, Herr?"

Sofort schoß die Erinnerung an damals in mir hoch, als ich nach einem Streit mit Les einen Wutanfall bekommen hatte. Dieser Ausbruch war erschreckend gewesen. Ich kam zu dem

Schluß, daß Wutanfälle gegen die Sicherheitsbestimmungen verstoßen (eine alte Wahrheit, die sich jetzt bestätigte). Manch unerledigter Gegenstand meines Ärgers wurde von da an tief in mir vergraben, und was in der Folge aufkam und den freigewordenen Raum einnahm, waren unerbittliche Schuldgefühle und unbegründete Angst. Diese beiden Schreckgespenster, Schuld und Angst, beherrschten mein Leben jahrelang.

Als ich anfing, mit Hilfe weisen biblischen Rats und des Beistands von Freunden an Schuld und Angst zu arbeiten, dachte ich, damit meine emotionale Freiheit eingeläutet zu haben. Ich glaubte, jetzt endlich könne ich normal sein. Statt dessen konnte ohne den Deckel der beiden Schreckgespenster mein inzwischen zum Vulkan aufgestauter Zorn anfangen, nach den Menschen in meinem Umfeld Feuer zu spukken.

Ich lernte, verschiedene Arten von Ärger zu unterscheiden. Es gibt das vorübergehende Aufbrausen, bei dem wir dem Gegenüber die Haare büschelweise ausraufen könnten; aber das hält meist nicht lange vor. Dann gibt es das langsame Köcheln, wo wir stundenlang über den Einzelheiten der Beleidigung brüten und dann im Zorn schwelgen. Den meisten Leuten gilt die „Müllwagenmethode“ als Lieblingszornesreaktion. Dabei macht man sich langsam an das Opfer heran und entlädt dann den ganzen „Kram“ mit Getöse auf sein Haupt. Fast gleicher Beliebtheit erfreut sich die Gewohnheitswut. Sie spielt sich ab zur Melodie: „Ich werde dich auf ewig hassen . . . mindestens so lange, bis Jesus wiederkommt.“

Meine Schwester Elisabeth erlebte die Müllwagenmethode

in den eigenen vier Wänden. Sie hatte gerade telefoniert und sah nun, daß ihr Dreijähriger, Nicholas, die Gelegenheit genutzt hatte: Zwei Pfund Mehl waren im Duett mit einer Pakkung Getränkepulver im ganzen Wohnzimmer verstreut. Nach einer strengen Zurechtweisung durch die Mutter zog sich der beleidigte Nicholas (man hatte seine kulinarischen Mühen nicht gewürdigt) ins Kinderzimmer zurück und verprügelte seine zweijährige Schwester Lindsey.

Ich kann das nachvollziehen. Es gab Situationen, wo ich meine Wut an völlig Unbeteiligten ausließ und damit nicht selten uns beide verblüffte. Ich habe erfahren, daß unverarbeitete Gefühle, einmal aufgestaut, ganz unverdienterweise auf ahnungslose Nebenfiguren abgeladen werden können – vielleicht auf die Kassiererin, den Bankangestellten oder eine Kellnerin.

Ich weiß noch, wie ich einer Empfangsdame wegen eines Fehlers in der Rechnung zu Leibe rückte. Sie blieb ruhig und freundlich. Ich dagegen zischte sie mit zusammengebissenen Zähnen an und ließ meine Zornesadern schwellen. Positiv daran war, daß mein Teint lebhafter gefärbt war als sonst. Negativ war, daß mein Glaube in den Augen dieser jungen Frau zusehends verblaßte. Obwohl ich zurückkam und mich entschuldigte, war unser Verhältnis nicht mehr dasselbe.

Beim „Müllabladen" auf Unbeteiligte bewirkt man, daß die Opfer von da an auf der Hut sind und jeden bedeutenderen Kontakt mit uns meiden. Es kostet viel Zeit und Energie, solche Beziehungen zu reparieren. Selbst wenn uns an einer erneuten Verbindung nichts liegt, verbauen wir uns mit dieser Mentalität des Dampfablassens die Chance, persönlich für voll genommen zu werden.

Eigentlich war ich gar nicht besonders verstimmt über die falsche Rechnung, als ich die Empfangsdame „zur Schnecke machte". Diese Reaktion war die Folge einer Meinungsverschiedenheit mit einer Verwandten gewesen, bei der ich meine Gefühle ganz hinten auf der Müllhalde verborgen hatte, statt sie zu äußern. Als dann die fehlerhafte Rechnung kam, legte ich die Rüstung an, rangierte den Müllwagen an den Empfang und kippte die Last direkt auf den Schoß der armen Frau.

Solange ich meine Gefühle in die falsche Richtung entlade, beschränke ich meine Fähigkeit zu ehrlichen Beziehungen. Soviel habe ich gelernt.

Übernachtungsangst

Ich hatte einen sehr frühen Flug von Detroit nach Iowa gebucht. Weil ich vor Tagesanbruch los mußte, hatten Les und ich uns überlegt, die Nacht davor in einem Hotel am Flughafen zu verbringen. Das machten wir nicht zum ersten Mal, denn es kostete einfach weniger Nerven. Ich mußte nicht allzu früh aufstehen und ging ausgeruhter in den Tag, und Les mußte sich nicht durch den morgendlichen Stau kämpfen.

Wir kamen ins Hotel und meldeten uns an der Rezeption. Irgendwie war unsere Vorbestellung für ein Zimmer im Erdgeschoß mißverstanden worden, und wir bekamen statt dessen eins im zweiten Stock. Les und mir machte das nicht viel aus. Eine Zimmerverwechslung sollte uns nicht den Abend verderben.

Wir nahmen früh am Abend ein Essen zu uns, das wir zwar nicht weiterempfohlen hätten, aber auch nicht gerade zurückschicken wollten. Nach diesem durchschnittlichen Mahl zogen wir uns zur Entspannung ins Zimmer zurück.

Ich streifte meine Schuhe ab und blätterte in einer Zeitung. Les erinnerte sich, im Flur einen Getränkeautomaten gesehen zu haben und meinte, er könne uns ja Erfrischungsgetränke besorgen. Er blieb eine ganze Weile fort, und als er zurückkam, schüttelte er den Kopf. Er hatte es mit drei verschiedenen Automaten probiert, aber bei keinem funktionierte der Geldwechsler. Dann versuchte er sein Glück am Empfang, aber auch dort bekam er kein Kleingeld. Wir blieben also bei Leitungswasser.

Dann blinkte das rote Licht am Telefon, ein Hinweis auf eine Nachricht. Ich rief beim Empfang an und fragte nach. Die Nachricht galt einem Mr. Hudson und stammte von seinem Geschäftspartner. Ich versicherte der Empfangsdame, daß ich nicht Mr. Hudson sei und bat sie, das rote Blinklicht abzustellen. Das versprach sie zu tun.

Ich stellte mir die Garderobe für den Flug am nächsten Morgen zusammen und wollte dann zu Bett gehen. Als ich die Bettdecke zurückschlug und hineinkriechen wollte, stellte ich entsetzt fest, daß die Laken schmutzig waren. Sie sahen eindeutig benutzt aus, und jeder Quadratzentimeter war verknittert. Ich fragte mich, ob dies wohl Mr. Hudsons Laken waren. Wenn ja, dann hatte er reichlich lange braune Haare und Makeup hinterlassen.

Ich rief beim Empfang an und richtete aus, daß wir saubere Bettwäsche brauchten. Die Dame entschuldigte sich und sagte, es käme jemand mit frischen Sachen vorbei. Na schön, einer kam jedenfalls sofort . . . der Bettwäscheinspektor.

Der (zwei Meter lange) Inspektor kündigte an, er sei gekommen, um unsere Laken zu inspizieren (was wir uns hätten denken können). Er näherte sich dem Bett, sah sich die

Laken ganz genau an und ging dann noch zwecks eingehender Untersuchung auf die andere Seite des Bettes. (Wenn man sich einen festangestellten Inspektor halten muß, kommen Beschwerden wie die unsere wohl häufiger vor.)

Nach kurzem Nachdenken tat er kund: „Diese Laken sind schmutzig."

Ich fragte mich, was für ein Gehalt er wohl für solche Gutachten bekam. Ich spielte mit dem Gedanken an eine Teilzeitbeschäftigung. Daß ich offensichtlich qualifiziert genug war, ergab sich ja aus der Korrektheit meines eigenen Ergebnisses.

Als der Inspektor ging, nahm er die Laken mit und versprach, bald zurückzukommen. Er hielt Wort und kam direkt zurück. Wir öffneten die Tür und merkten, daß Lakeninspektoren nur für dieses Spezialgebiet zuständig sein mußten, denn er gab uns bloß die neuen Laken und entfernte sich sogleich.

Les und ich schauten einander ungläubig an, zuckten dann die Schultern und widmeten uns dem Bettmachen. Zur Beschleunigung des Vorhabens stellten wir uns je an einer Bettseite auf, und Les warf mir eine Ecke des Lakens zu. Ich schnappte es mir und hielt die Luft an. Les sah hin und schloß angeekelt die Augen. Es war das gleiche Laken wie zuvor.

Wir riefen wieder an, und die Dame sagte, sie würde eine schriftliche Beschwerde an die Wäscheabteilung weiterleiten.

Als mir klar wurde, daß wir in nächster Zukunft keine saubere Wäsche bekommen würden, wurde ich kreativ. Ich sammelte alle sauberen Handtücher ein und breitete sie der Länge nach auf dem Bett aus, was uns eine etwas rauhe, aber immerhin saubere Liegefläche verschaffte. Dann stiegen wir ins Bett, und ich schlief trotz der blinkenden roten Lampe am Telefon ein, die immer noch Mr. Hudsons Reaktion verlangte.

In der Nacht wurde ich immer wieder wach. Ich schaffte es einfach nicht, die angerauhten Schlingen im Handtuchgewebe glatt zu drücken. Im Traum kam der Lakeninspektor in unser Zimmer zurück, war in rot blinkende Kissenbezüge gehüllt und schrieb uns Strafzettel, weil wir auf den Handtüchern schliefen.

Endlich wurde es Morgen (Mr. Hudsons Licht blinkte immer noch), und wir konnten es kaum erwarten, endlich gehen zu dürfen. Ausgeschlafen waren wir auf keinen Fall. Abgeschlafft schon eher. Ich kann gar nicht sagen, wie schwer uns der Abschied fiel angesichts unserer Zahlungspflicht für diese anstrengende Nacht.

Wahrscheinlich wundern Sie sich, warum wir keinen Schadenersatz forderten. Das haben wir gemacht . . . aber später, als die rechte Zeit dazu gekommen war.

Am Tag vor der Hotelmisere war Les nämlich am Herzen katheterisiert worden. Er hatte gerade erfahren müssen, daß er einen zweiten Infarkt erlitten hatte und eine seiner Bypass-Adern verschlossen war. Der Aufenthalt im Hotel (das einer angesehenen Kette zugehörte) sollte ihm Streß ersparen, weil er sich erholen mußte. Als wir in dieser Absteige gestrandet waren, mußten wir abwägen, was wichtiger sei: um das zu kämpfen, was wir bezahlen mußten, oder uns einzurichten und die Beschwerde zur günstigeren Zeit loszuwerden.

Glauben Sie mir, meinem Temperament hätte es viel eher

entsprochen, um mein Recht zu kämpfen. Aber als ich den Kampf gegen das Hotel gegen das Wohlergehen meines Mannes abwog, war eine ungemütliche Nacht eher zu verkraften.

Zu oft im Leben habe ich eher gefühlsmäßig als mit Weisheit reagiert. Weisheit sagt: „Schweigen hat seine Zeit, Reden hat seine Zeit" (Prediger 3,7*b*).

Ich glaube, es ist kein Fehler, daß das Schweigen hier vor das Reden gestellt ist. Wenn wir abwarten, können wir uns meist besser beherrschen und mit mehr Abstand denken.

Nach der Rückkehr von meiner Vortragstour rief ich bei der Hauptverwaltung der Hotelkette an. Man war überrascht zu hören, daß unter den Angestellten auch ein Lakeninspektor beschäftigt war. Wir bekamen das Geld zurück und erhielten einen Coupon für eine kostenlose Übernachtung im gleichen Hotel. Ahem! Nicht in diesem Erdenleben.

Hoffentlich hat wenigstens Mr. Hudson seine Nachricht bekommen.

Bettsegen

Als wir in unser neues Haus einzogen, brannte ich darauf, es zu verschönern. Ich fing mit unserem Schlafzimmer an. Es war großzügig geschnitten und bot viele Möglichkeiten. Ich brauchte nur das Dekor neu abzustimmen.

Unsere altersschwache Tagesdecke hatte uns gute Dienste geleistet, mußte aber ihrer Pflicht enthoben werden. Die Farben und Muster für eine neue Decke auszusuchen, war mir ein großes Vergnügen. Ich dachte an eine farbenfrohe Steppdecke. Die Verkäuferin wies uns auf die dazu passenden Bettbezüge hin. Les und ich hatten eigentlich nicht an neue Garnituren gedacht . . . aber reizvoll waren sie schon.

Als wir uns anschickten, unseren Warenstapel zu bezahlen, zog die Verkäuferin ein Tapetenmusterbuch hervor und zeigte uns eine Tapete, die genau zu unserer Bettwäsche paßte. Wirklich schön. Ans Tapezieren hatte ich natürlich gedacht . . . irgendwann einmal. Allerdings, wenn wir uns diese jetzt nicht besorgten, würde ich vielleicht nie eine Tapete finden, die so perfekt zur Tagesdecke paßte.

Als Les und ich den Laden mit Tüten beladen verließen,

waren wir in Hochstimmung, wenn auch von der etwas gedrückten Spielart. Wir trösteten einander und hielten uns aufrecht mit den Gedanken: „So was machen wir schließlich nicht jeden Tag“ und „Für das Wohnzimmer geben wir einfach nicht so viel aus“.

Als wir nach Hause kamen, bezog ich sofort die Betten neu, und mit „Oh“ und „Ah“ taten wir unsere Bewunderung kund. Als dann erst die Tapete hing, waren wir noch glücklicher, so gut war alles aufeinander abgestimmt. Aber ich hatte die Bilder an den Wänden nicht bedacht. Sie paßten nicht mehr zum Gesamteindruck. Na gut, ich konnte immer noch welche aus anderen Zimmern nehmen oder ein paar billige kaufen.

Als ich die neuerworbenen Bilder neben meinem Bett aufhängte, fiel mir auf, wie schäbig das Tischtuch auf meinem Nachttischchen aussah. Es paßte zu überhaupt nichts mehr. Aber was konnte schon so ein kleines Tuch kosten? Eigentlich mehr, als ich gedacht hatte.

Wir hatten eine Menge investiert, aber wenigstens war das Zimmer nun ein Ort der Harmonie . . . es gab nur ein Problem mit dem Bad, das sich ans Schlafzimmer anschloß. Es tat der Sache geradezu einen visuellen Abbruch. Nachdem ich es mit antikem Spiegel, Spitzenduschvorhängen und einem flauschigen Teppich ausgestattet hatte, war meine Brieftasche leer, aber die Blicke konnten ungehindert schweifen.

Bei einer Durchsicht meiner Errungenschaften kam mir die Idee, daß ich die Wirkung mit einigen Kissen und ein paar Blumen noch unterstreichen konnte. Diese beiden Zutaten gehören einfach dazu, wenn eine Frau einem Zimmer den letzten Pfiff verleihen will. Hinzu kamen also acht Kissen und ein Strauß mit Seidenrosen. Ja, ja, das hatte etwas von einer femininen Handschrift ... nur noch ein paar Kerzen, dann war es vollkommen.

Mit den Kerzen mußte ich übertrieben haben, denn Les baute einen Rauchmelder ein. Und doch taten die Kerzen dem Ambiente not. Unser Schlafzimmer hätte ein wahrhaftes Meisterstück sein können, – aber irgendwas fehlte noch. Ich zerrte die Truhe von Les' Großvater herein und stellte sie am Fußende des Bettes auf. Das war's. Auf den Truhendekkel legte ich ein altes Weidentablett. Das Tablett brauchte nur mit ein paar kleinen, gerahmten Fotografien, einem Teekessel, einem Paar Damenhandschuhen und einer Herrentaschenuhr verziert zu werden, um die Wirkung eines Stillebens zu erzielen.

Seltsam, daß ich so weit mit der Schlafzimmereinrichtung gekommen war und erst jetzt merkte, wie unpassend meine Lampen wirkten. Das total falsche Feeling, und selbst die Form war mega-out. Es wäre eine Schande zuzulassen, daß sie uns den Gesamteindruck zerstörten. Lampen können klein von Statur, aber groß in der Wirkung sein. Wenn man so ein Lämpchen erst einmal angeknipst hat, muß man es einfach bemerken

Wo wir von „bemerken" reden ... ich hatte mich so intensiv mit diesem Zimmer beschäftigt, daß ein ganz neues Problem auftauchte. Ich hatte die ganze Sache satt und wünschte, ich könnte noch mal von vorn anfangen.

Woher soll man wissen, wann es genug ist?

Das Erwachen

„Hallo, Patsy. Hier ist deine Schwester Elisabeth. Ich wollte Dir nur sagen, daß ich ziemlich krank bin."

Als ich nach Elisabeths Anruf den Hörer auflegte, fing ich sofort an, für sie zu beten. Obwohl mir Elisabeths schwache, zittrige Stimme verdeutlicht hatte, daß sie wirklich krank war, kam der nächste Anruf doch sehr überraschend.

Diesmal war es mein Schwager Bryan. Er berichtete fast ungläubig, daß am Abend Elisabeths Fieber gestiegen sei und sie krampfhaft zu zittern angefangen habe. Also mußte sie ins Krankenhaus gebracht werden. Als sie die Notaufnahme erreichten, hatte sie bereits völlig die Orientierung verloren. Die Schwestern halfen ihr ins Bett, wo Elisabeth ins Koma fiel.

Die Ärzte wußten nicht, was ihr fehlte, aber das Gehirn schwoll an. Ich war seelisch am Boden. Wie hatte das nur passieren können?

Vor siebzehn Jahren war unser damals neununddreißigjähriger Bruder nach einem Autounfall an einer Gehirnverletzung gestorben. Der Gedanke, meine dreiunddreißigjährige Schwester zu verlieren, und zwar auch durch einen Gehirnschaden, war mir schier unerträglich. Es kam mir nicht normal vor, daß unsere Familie einen zweiten traurigen Verlust dieser Art durchmachen sollte.

Der nächste Anruf informierte uns, daß Elisabeth auf die Intensivstation verlegt worden war und mittlerweile in Lebensgefahr schwebte.

Immer wieder tönte ihre Stimme in meinen Ohren: „Patsy, ich wollte Dir nur sagen, daß ich ziemlich krank bin."

Fortwährend mußte ich daran denken.

Die Tränen rannen wie Regentropfen. Ich fühlte mich wie von Wogen erfaßt, die mit meinem Körper spielten. Ich war absolut machtlos.

Bryan rief noch einmal an und erzählte, Elisabeth reagiere überhaupt nicht mehr, auch auf Schmerzen nicht. „Patsy, ich habe den Eindruck, daß sie deine Stimme hören könnte, wenn du kommen würdest", stöhnte er unter Tränen.

Als ich auflegte, sagte ich zu Les, Bryans Vorstellung, sie würde mich hören können, sei der Wunschtraum eines verzweifelten Mannes, der seine Frau und die Mutter von drei kleinen Kindern wiederhaben wolle. Ich wußte, daß jeder einzelne Tag von Elisabeths Leben in Gottes Hand sei. Ich konnte keinen hinzufügen oder abziehen.

„Ja", nickte Les, „aber Gott braucht oft Menschen, um durch sie zu reden."

Ich wußte, daß er recht hatte, weil ich immer wieder Gottes Einsichten, Rat und Ermutigung durch die Stimmen von anderen Menschen vermittelt bekommen habe. Mein Zögern, an ihr Bett zu eilen, war zum Teil eine Selbstschutzreaktion. Ich fühlte mich nicht in der Lage, nach Utah zu fliegen und ihr Sterben mitzuerleben. Aber Les' zurückhaltende Ermahnung half mir, mich an den Gedanken an eine möglichst schnelle Abreise zu gewöhnen.

Je mehr sich das Flugzeug Salt Lake City näherte, desto ruhiger und stärker wurde ich. Nach der Ankunft mieteten wir uns ein Auto und fuhren gleich zum Krankenhaus, das eine halbe Stunde entfernt lag.

Als wir ankamen, versuchten wir uns auf Elisabeths Aussehen einzustellen. Zu unserem Erstaunen sah sie trotz all der Schläuche und Leitungen ziemlich gut aus. Aber unsere Hoffnungen sank, als wir sie berührten. Die Haut fühlte sich wie Wachs an, und die Gliedmaßen waren eiskalt.

Es tat mir in der Seele weh, als die Schwester der Intensivstation mit einer abgerundeten Schere herbeikam und sie so kräftig wie möglich in die Haut von Fingern und Zehen drückte. Elisabeth zeigte keine Reaktion.

Les und ich schliefen in dieser Nacht kaum. Beim ersten Tageslicht frühstückten wir hastig und fuhren gleich zum Krankenhaus. Dann redeten wir abwechselnd mit Elisabeth und baten sie, uns ein Zeichen zu geben, wenn sie uns hören könne.

Einmal glaubte Les, daß sie seine Hand ein wenig gedrückt hatte, aber es passierte kein zweites Mal. Ein paarmal an diesem Tag schien sie zu versuchen, die Augen zu öffnen, aber die Schwestern sagten, das seien nur die unwillkürlichen Bewegungen einer komatösen Patientin. Wir betrachteten die zahllosen Maschinen und Computerausdrucke und versuchten uns zu erklären, was das alles zu bedeuten hatte.

An diesem Abend kehrten wir bedrückt ins Zimmer zurück, wo eine zweite lange, unruhige Nacht auf uns wartete.

Am folgenden Nachmittag war ich allein und saß an Elisabeths Bett. Ich fing an, ihr von ihrer frühen Kindheit zu erzählen. (Ich war dreizehn, als sie geboren wurde und hatte sehr mütterliche Gefühle für sie. Mit anderen Worten, ich war herrschsüchtig und tüdelig.) Ich erzählte ihr von der Begebenheit, als sie das Stoffäffchen Jojo in der Toilette badete und dann den nassen Affen mitsamt dem jaulenden Pudel in den Wäschetrockner warf. Zum Glück hatten Jojo und Sassy überlebt.

Plötzlich fiel mir auf, daß sich Elisabeths Augen unter den geschlossenen Lidern hin- und herbewegten. Es war keine Schwester in der Nähe, die ich hätte zu Rate ziehen können, also beugte ich mich zu ihrem Ohr hinunter und sagte: „Elisabeth, es würde mir wirklich helfen, wenn ich wüßte, daß du mich hören kannst. Wenn du mich hören kannst, würdest du dann bitte die Augen aufmachen?"

Ich kann nicht annäherungsweise ausdrücken, wie ich mich fühlte, als ich ihre Augen ganz nach meinem Wunsch offen sah. In diesem Augenblick durchfuhr mich ein Hoffnungsstrahl wie ein Stromstoß. Auch wenn mir klar war, daß sie nicht sehen konnte, wußte ich jetzt, daß sie mich hörte, mich verstand, daß sie nachdachte und auf mich einging.

Ich flog hinaus zum Schwesternzimmer und berichtete aufgeregt, was passiert war. Die Schwester sah mich an, als hätte ich gesagt: „Das Fensterbrett ist staubig."

Ich sah ein, daß ich in meiner Nervosität nicht deutlich gesprochen hatte. Bewußt formulierte ich langsamer und wiederholte mein Erlebnis. Die Krankenschwester sah mich an und sagte nur: „Das kann nicht sein. Ich habe mich in den letzten zehn Stunden um sie gekümmert, und sie war zu keiner Reaktion fähig."

Dann wurde die Stimme sanfter. „Angehörige reagieren oft zu stark auf die unwillkürlichen Bewegungen der Patienten."

„Glauben Sie mir", beharrte ich, „Sie hat reagiert."

„Meiner Meinung nach kann so was nicht passiert sein", behauptete sie entschieden und ging fort.

Ich schlich zurück ins Krankenzimmer, blieb schweigend neben dem Bett stehen und grübelte über all das nach.

Ungefähr dann kam die Schwester und überprüfte die Geräte. Ich schaute sie an, danach Elisabeth.

Ich beugte mich zu Elisabeths Ohr und bat: „Ich weiß, daß ich dich heute ziemlich genervt habe, aber ich will, daß du wieder zu uns zurückkommst und ich will, daß du die Augen aufmachst. Mach sie weit auf – jetzt gleich!"

Als ich „jetzt" sagte, blickte die Schwester gleichgültig über die Schulter auf meine Schwester. Elisabeths Augen klappten auf wie bei einer Eule. Meine Hoffnung wallte neu auf! Und die Schwester? Sie wurde fast ohnmächtig. Als sie wieder zu Atem gekommen war, huschte sie zum Telefon und alarmierte den Arzt.

Am nächsten Morgen konnte Elisabeth mich nicht nur hören, als ich sie mit Namen ansprach, sondern auch erkennen. Sie warf sich mir beinahe in die Arme.

Es dauerte Tage, bis die ganze Gerätschaft entfernt werden konnte und ihre Stimmbänder sich soweit von der Inkubation erholten, daß sie sprechen konnte. Dann sagte sie uns, das früheste, woran sie sich erinnern könne, sei meine Stimme gewesen, die ihren Namen genannt und mit ihr geredet habe, als ob sie ein kleines Kind sei.

Als ich Wochen später zurückdachte, erkannte ich, daß meine Reaktion auf die Krankheit meiner Schwester dem Vorgang glich, wenn Blumen im Garten abgeschnitten werden. Wenn eine Blume von der Staude geschnitten wird, versiegelt sich der Stengel an der Schnittstelle, um so viel Feuchtigkeit wie möglich zu erhalten. Diese Selbstschutzreaktion verhindert, daß die Blume Wasser aus anderer Quelle aufnimmt. Obwohl also die Versiegelung der Versuch ist, das Leben zu erhalten, hält es die Pflanze doch davon ab, das Wasser in der Vase als Nährlösung zu nutzen. Deshalb empfehlen die Floristen den Käufern, die Blumen frisch anzuschneiden und sofort ins Wasser zu stellen, um länger etwas von ihnen zu haben.

Als ich zum erstenmal die Nachricht über Elisabeth hörte, meinte ich – genau wie die Blumen – ich müsse meine Kräfte versiegeln, um die Sache zu überstehen. Ich hatte gerade eine emotional und körperlich anstrengende Lebensphase hinter mir und fühlte mich völlig unfähig, mit der Situation fertigzuwerden.

Aber als Les meinte, Gott könne irgendwie durch mich reden, obwohl ich mich so zerbrechlich fühlte, war mir, als habe mich jemand frisch angeschnitten und ins Wasser gestellt. Der Entschluß, nach Utah zu fliegen und alles durchzustehen, was immer geschehen würde, verlieh mir Kraft.

Sie entstand keineswegs aus irgendeinem Spezialwissen oder einem besonderen Durchhaltevermögen meinerseits (daß ich das nicht habe, ist Ihnen sicher beim Lesen dieses Buches schon aufgefallen), sondern einzig und allein durch den Sprung ins kalte Wasser der größten Kraftquelle, die es gibt – Gott.

Diese Begebenheit war mir eine unersetzliche Lehre über menschliches und göttliches Verhalten.

Ich bin unsagbar froh, ein wenig zu Elisabeths Erwachen beigetragen zu haben – und darüber, daß ich auf diese Weise gelernt habe, wie Gott uns durch sein lebendiges Wasser neue Kraft gibt, wo wir ohne ihn jämmerlich verwelken würden.

Unsere Lebensumstände kommen uns oft alles andere als „gerecht" vor, und schon gar nicht „normal".

Doch gerade mein krampfhaftes Streben nach Normalität hat mir die Augen für die Tatsache geöffnet, daß es Normalität überhaupt nicht gibt. Und das ist gut so.

Jeder Mensch ist absolut einzigartig, und er reagiert auf bestimmte Situationen in ganz individueller Weise. Gott hat die ganz spezielle Anordnung Ihres Innenlebens höchstpersönlich überwacht. Er hat von jedem von uns Notiz genommen, bevor uns überhaupt ein Mensch zu Gesicht bekommen hat. Und er kümmert sich unser ganzes Leben lang (und darüber hinaus) darum, daß uns alles, was uns geschieht, zum Besten dient.

Denken Sie daran: „Normal" ist nur eine Stufe an Ihrem Wäschetrockner . . .

Einfach typisch

Die vier Temperamente unter der Lupe

Haben Sie auch schon mal Ihr Auto im Parkhaus vergessen? Oder sind Sie mehr der Typ, der sogar den Urlaubskoffer nach einem exakten Plan packt und nie etwas vergißt?
Von den vier Temperamentstypen – Sanguiniker, Choleriker, Melancholiker und Phlegmatiker – haben Sie bestimmt schon etwas gehört. Aber wußten Sie auch, daß es richtig Spaß machen kann, etwas über Ihr eigenes Temperament herauszufinden?
Ein umfassender Temperaments-Test und viele humorvolle Anekdoten führen Sie auf unterhaltsame Weise an jedes Temperament und seine besonderen Eigenschaften heran. Dabei können Sie auch Ihr ganz individuelles, unverwechselbares Persönlichkeitsprofil erkennen.
Einfühlsam und prägnant verdeutlicht die Autorin, wie die jeweiligen Temperamentsanteile Ihre ganze Lebensauffassung beeinflussen. Sie erfahren, wie Sie Ihre persönlichen Stärken ausbauen und die Schwächen abmildern können – und ganz nebenbei wird auch Ihr Verständnis für die Eigenheiten Ihrer Mitmenschen wachsen.

Paperback, 220 Seiten
Bestell-Nr. 15 278

Chris Thurman

Du kannst es nicht jedem recht machen!

Es gibt Lebenslügen, die uns wie die reine Wahrheit erscheinen – dabei haben sie zerstörerische Auswirkungen auf unser Denken und Verhalten. Doch ebenso gibt es auch Lebens-Wahrheiten, Aussagen, die jeder von uns schon gehört oder selbst getroffen hat. Doch ist uns wirklich bewußt, daß diese Redensarten Wahrheiten enthalten, die wir glauben sollten, ja die wir sogar glauben müssen, um emotional gesund zu werden und zu bleiben?

„Irren ist menschlich", betonen wir – und kommen über die eigenen „unverzeihlichen" Fehler nicht hinweg.

„Man kann es nicht jedem recht machen", nicken wir – und verzweifeln fast bei dem Versuch, mit jedem gut Freund zu sein.

In diesem Buch stellt Dr. Chris Thurman zwölf zeitlose Wahrheiten vor und erläutert anhand von lebensnahen Beispielen, wie wichtig es ist, diese Wahrheiten zu erkennen, zu akzeptieren und in die Tat umzusetzen. Das ist eine große Herausforderung; doch es lohnt sich, sie anzunehmen – und ein Leben in innerer Sicherheit, Zufriedenheit und Gesundheit zu führen.